딸 바보 유재성의
행복 스케치

딸 바보 유재성의
행복 스케치

유재성

북마크

배꼽친구 유재성에게

아무것도 모르는 철부지 열 살 꼬마가
부모님 직장 때문에 모르는 동네로 전학을 오고
친구도 없이 학원과 학교만을 오갈 때
덩치는 산만해서 친구들이 곰탱이라고 놀려도
싫은 소리 한마디 안 하고
모든 것을 다 받아 주던 친구가 있었다.

나 역시 친구가 없을 때라
그 친구에게 특별한 관심을 두지는 않았지만
어느 날 그 친구가 먼저 나에게 다가와 말을 걸었다.

자기는 탄산음료를 한 번에 다 마실 수 있다고
뜬금없이 이 말을 하더니 그 친구가 내 앞에서
꿀꺽꿀꺽 한 번에 탄산음료를 다 마셨다.
그렇게 낯선 동네에서 신기한 친구가 생겼다.

우리는 둘 다 맞벌이 가정이어서
언제나 부모님은 늦게 오시는 비슷한 처지였기에
금방 절친이 되었다.

동네가 작아서일까, 사는 곳이 비슷해서일까?
초등학교도 같이 나오고, 중학교도 같이 나오고
오랜 시간 그렇게 친구로 지냈다.

고등학교부터는 진로가 달랐기 때문에
학교는 같이 다니지 않았지만
그래도 자주 연락하며
그렇게 30년이 넘는 시간을
친구로 지내고 있다.

내가 아는 재성이라는 친구는

한번 믿고 실행하면 하늘이 무너져도
그게 맞다고 생각하지만,
한편 자신의 믿음이 실수라고 생각하면
그 즉시 사과도 잘하는 친구다.

TV를 보지 않는 재성이는
유행어도 제대로 모른다.
그 덕분에 유행어를 한번 사용했다가
작은 오해가 생겨 다투어도
금방 자기가 몰랐다며
바로 사과하는 착한 친구다.

정작 자신은 좋아하는 운동은 없지만
친구가 운동하다 다치면
병원에 누구보다 빨리 찾아와, 걱정하고

조심하라고 집사람보다 잔소리가 더 심한 친구다.
가끔 연락해도 어제도 연락했던 것처럼
친숙하게 대할 수 있는 친구.
그런 친구가 재성이다.

어릴 적 덩치만 큰 줄 알았던 친구가
두 아이의 아빠가 되어
앞으로 아이들이 걱정 없이
행복하게 자랄 수 있는 사회를
만드는 데 힘을 쓰려 한다.

어릴 때부터 꿈이 대통령이라고 말했던 친구지만
나는 믿지 않았다.
어릴 때 누구나 대통령을 꿈꿀 수는 있으니까.
하지만 대통령까지는 아니더라도

모두가 행복하고 걱정 없는 사회를
만들고 싶다는 마음은 공감할 수 있을 것 같다.
대학교 때부터 그런 마음으로
지금까지 살았다는 것도 안다.
그런 재성이가 이번에
자신의 마음과 뜻을 담아 책을 냈다.

짧은 글이지만 재성이를 모르는 분이
책을 읽기 전에
어떤 친구인지 이해하는 데 조금이라도
도움이 되었으면 하는 마음에서
부족한 글솜씨지만 기억을 더듬으며
추천사라는 것을 적는다.

언제나 무슨 일이든

좋은 것은 축하하고
부족한 것은 위로하며
멋진 일은 응원하는 마음으로
재성이와 함께할 것이다.
앞으로 남은 인생도 말이다.

그가 꿈꾸는 대한민국에서 그와 함께.

유재성의 배꼽친구 서권영으로부터

사랑하는 내 친구 유재성에게

"영욱아, 뭐하냐? 밥은 먹었고?
몸보신이나 하러 가자! 얼른 나와!"

인생의 암흑기와 같았던 신림동 고시촌에서의 4년.
재성이 전화는 유일한 나의 탈출구였다.
정기적으로 챙겨주는 재성이와의 짧은 만남에 숨막히는
고시원에서 그나마 잠깐이라도 숨을 쉴 수 있었고, 나는 그래
도 누군가로부터 챙김을 받는 존재라는 안도감을 느낄 수 있
었다.

올해로 24년 지기인 재성이는 고등학교 시절 첫 만남부터
허물없이 다가와 나에게는 든든한 형처럼 항상 변치 않는
응원과 정신적인 버팀목이 되어 주었고, 그의 성원에 힘입
어 목표하는 대학에도 합격할 수 있었다.
그런 재성이와의 인연은 학창 시절에서 그치지 않고 고

시생 때 더욱 돈독해졌다. 고시를 준비하던 때는 정말 앞날이 깜깜하던 시절이었다. 당시 재성이는 친구 이상의 존재였고 시험에 합격하지 못하면 아무것도 아닌 나에게 아무 대가도 바라지 않고 그저 처음 만난 그때처럼 묵묵히 응원과 정신적인 지지를 해주었다. 물론 가끔 물질적으로 맛있는 식사와 함께 말이다.

그런 그의 보살핌을 받은 친구는 나뿐만이 아니었다. 재성이는 본인이 관계를 맺은 모든 인연을 가볍게 여기지 않고 항상 먼저 궁금해하고, 물어보고, 찾아가는 스타일이다.

그런 그가 이제는 더 큰 사회와 인연을 맺고 내가 아닌, 내가 모르는 사람을 챙기고 보살피고, 봉사하려 한다. 나름 재성이의 최애라고 생각한 나로서는 질투가 나기도 하지만 재성이의 됨됨이와 그릇의 크기를 알기에 이제는 제가 묵묵히 응원하려고 한다. 그리고 미약하나마 재성이에게 도움될 수 있는 한 최대한 노력하면서 24년 동안 받아온 그의 베풂에 조금이라도 보답하고 싶다.

좌우, 정치색, 여러 이슈를 떠나서 재성이 자체가 좋은 사람이고 주변을 넘어 사회에 선한 영향력을 끼칠 것을 알기에 앞으로의 행보를 응원하고, 대한민국 국민의 한 사람으로서 기대를 해본다.

하지만, 이 모든 이상과 목표를 떠나 친구 재성이가 항상 건강하고 나와 오래오래 재밌게 지낼 수 있기를 바라면서 앞에서는 쑥스러워 하지 못한 말을 남기며 응원의 메시지를 끝내고자 한다.

재성아, 지금까지 고마웠고, 사랑한다!!

고등학교 친구 조영욱

존경하는 선배를 응원합니다!

내가 재성 선배를 처음 본 것은 스무 살, 성인이라고는 하지만 고등학교 졸업식을 치른 지 1개월 된 새내기의 첫 교양수업 조별 과제 때였습니다. 한 학번 선배도 까마득하게 느껴졌는데 8학번 차이 나는 선배라니… 엄청난 어른같이 느껴져서 어렵다 못해 무섭게 느껴지기까지 했습니다.

그러나 너무 어른 같아서 무서웠던 그 선배는 아무것도 모르는 새내기 세 명을 살뜰하게 챙겨주었습니다. 교양수업에서 만난 일주일에 한 번 보는 새내기들의 학교 적응을 위해 영화를 보여주고, 밥을 사주고 가장 중요한 조별 과제도 걱정하지 말라며 앞장서서 리드해 주셨죠.

학교에서 꽤 큰 편이었던 강의실이 꽉 찼던 교양수업 저희 조 발표 날, 질문을 받기 위해 교단에 서서 부들부들 떨리던 손을 꼭 붙잡고 있던 기억이 생생합니다. 긴장해 있던 저희를 토닥이며 발표부터 어렵고 날카로웠던 질문까지 전부 논리적으로 받아치던 선배가 든든했던 기억은 생생합니다.

재성 선배 덕분에 새내기가 뭣 모르고 선택했던 어렵기로 유명했던 교양수업은 A+를 받았습니다. 지금 생각해 보니 새내기 세 명에 어린 후배 두 명까지 모두 다섯 명을 책임져야 했던 선배는 얼마나 부담스러웠을까? 철없이 선배가 사준 치킨 먹으며 자료조사나 깔짝였던 제가 생각나 민망합니다.

학기가 끝나고 선배가 졸업하며 당연히 이대로 끝나리라 생각했던 인연은 12년째 이어지는 중입니다. 바쁘다며 무심하게 연락 한 통 없는 변변찮은 동생을 잊을 만하면 챙겨주는 선배 덕분이었지요. 재학 중에는 대외활동을, 취업 준비할 때는 일자리를 꾸준히 챙겨주는 선배에게 의문이 들 때도 있었습니다. 솔직히 지금도 그렇고요. 왜 이렇게까지 챙겨주는 걸까? 가식 없는 진심이 맞는 걸까? 이게 정말 진심이라면 자기 몸은 안 챙겨서 큰 병에 걸려놓고 다 낫고 나서야 연락을 주는, 힘든 일은 감추고 좋은 일이 있을 때만 연락을 주는 그런 사람인데 그러다 지치진 않을까?

이런 의문은 선배의 결혼식 때 축가를 불러주기 위해 지방에서 올라간 저와 10년 전 그 교양수업 조별 과제 때 만났던 선배들이 외국을 비롯해 전국 각지에서 재성 선배를 축하해 주기 위해 모인 것을 보고 모두 사라졌습니다. 처음부터 끝까지 모든 일에 마음을 다했기 때문에, 정말 좋은 사람이기에 모두가 선배 곁을 떠나지 않는 것이구나.

저는 정치인에 대한 뿌리 깊은 불신이 있는 사람입니다. 엘리트주의가 만연한 대한민국 사회에서 진심으로 서민의 입장을 공감할 수 있는 정치인이 몇이나 될지 의문이었죠. 가끔 보이는 개천에서 용 나오는 뉴스에서나 볼 수 있는 거라 여겨 남 일로만 치부하고 말았습니다.

그러나 저희와 함께 밥을 먹고, 수업을 들었고, 평범한 사람인 우리와 함께 대화를 나누던 재성 선배는 다를 거로 생각합니다. 재성 선배는 전형적인 엘리트 코스를 밟은 소위 말하는 급이 다른 사람이 아닌 우리 그 자체니까요.

제가 본 재성 선배는 작은 인연도 소중히 여기며 사람을 계산적으로 보지 않고, 약자들을 챙기며 앞장서서 어려움을 뚫는 모범적인 리더이자 좋은 사람이었습니다. 그리고 투표권을 가진 국민의 한 사람으로 바라본 유재성은 평범한 대한민국 사람들의 처지와 생각에 공감할 수 있는, 진정한 의미에서 우리의 입장을 대표할 수 있는 사람이라고 생각합니

딸 바보 유재성의 행복 스케치

다. 재성 선배를 아는 사람으로서 그리고 대한민국의 국민으로서, 그가 투명하고 좋은 정치를 할 것이라고 믿어 의심치 않습니다.

재성 오빠, 뭐 하나 잘난 것 없이 평범한 저를 잊지 않고 꼬박꼬박 안부 물어주고 챙겨줘서 고마워요! 항상 건강 잘 챙기시고 하는 일마다 잘되기를 바랍니다. 오빠는 좋은 사람이니까 모두가 결국 알아줄 거라고 믿어요.

항상 고맙습니다. 응원할게요!

대학 후배 서영채

대한민국 헌법 1조
"대한민국은 민주공화국이다."

이 책을 읽는 독자 여러분.
당신의 이름은 무엇입니까?
당연히 자기 이름을 모르는 사람은 없을 겁니다.
그렇다면 다시 여쭙겠습니다.

당신이 사는 대한민국은 어떤 나라입니까?

세상을 살아가면서
자신이 목적하던 바를 위해
열심히 달렸던 젊은 시절.
대부분 많은 것을 포기하고
절충하며 나이들어 가는 것이
우리 일반 서민의 삶이라 생각합니다.

그 와중에 더 나은 만족과 행복을 찾고
더 나은 내일을 원합니다.

그런데
진정으로 만족하십니까?
안정된 삶을 살고 계십니까?
현재의 불만이 어쩔 수 없는,
본인 잘못이라 생각하십니까?
우리는 이렇게 말합니다.

"대한민국은 민주공화국이다."

분명 가장 중요한 헌법 조항이 맞습니다.
대한민국은 민주주의 국가이고
모든 권력은 국민에게서 나오기 때문입니다.
그런데 다시 한번 생각해 봅니다.

지금 이 시점에서 이 조항은 유효한 것일까?
모든 권력이 국민에게서 나온다는데
국민은 그 권력을 과연 행사하고 있는지?

대한민국 헌법 제10조,
"모든 국민은 행복을 추구할 권리를 가진다."

"모든 국민은 인간으로서의 존엄과 가치를 가지며,
행복을 추구할 권리를 가진다."

이렇게 우리 헌법에는 분명히 적혀 있습니다.
또한 이런 행복 추구의 권리와 함께 국가의
의무에 대해서도 말하고 있습니다.

저자 서문

"국가는 개인이 가지는 불가침의 기본적 인권을 확인하고
이를 보장할 의무를 진다."
위에 있는 것처럼 헌법에는
분명히 국민에 대한 정부의 책임을 명시하고 있습니다.

다시 여쭙고자 합니다.
당신에게 대한민국은 어떤 나라입니까?
진정으로 만족스러운 삶을 살고 계십니까?
여러분의 삶은 안정된 삶입니까?
현재의 불만이 어쩔 수 없는
본인 잘못이라 생각하십니까?

스스로 "괜찮다", "내 탓이다" 등의
가면을 쓰고 계신 것은 아닙니까?

23

이제는 행동하는 양심이고 싶습니다

헌법 11조부터 우리는 모두 행복 추구를 위한
다양한 자유적 수단을 보장받고 있습니다.

"신체의 자유"
"거주이전의 자유"
"종교의 자유"
"사생활의 비밀과 자유"
"언론 · 출판의 자유"
"재산권 보장"
등….

그런데 진정으로 우리는
헌법이 보장한 이러한 권리를
보호받고 있는 것인지

생각해 볼 필요가 있습니다.

대한민국의 헌법은
1948년 7월 17일 제정되었고,
형법은 1953년,
민법은 1960년에 시행되었습니다.

70년도 훨씬 전에 제정되고 시행된
헌법과 법률이 현재 우리가 살아가는
21세기의 복잡한 일들과
사건을 처리하기에는 어긋나는
일들이 많기에
조목조목 법을 점검해야 할 일도 시급합니다.

시대적 거리감 외에 헌법을 무시하는 판결,
검찰의 무분별한 기소,

미디어를 이용한 사법부의 언론 플레이도
도를 넘는 듯합니다.
마치 중세의 마녀재판을 보는 듯합니다.

국민 기본권과 더 나아가 헌법에 관한 문제는
입법부 즉 국회에서 해결해야 하지만
모르는 척하는 건지 모르는 건지
이에 대한 본격적인 움직임은 보이지 않습니다.
더 이상 모른 척하기에는 시간이 없습니다.

그래서 미약하나마 시작하자는 뜻에서
생활 속에서 혹은 가족과의 소중한 시간 중에
들었던 생각들을 정리해 봤습니다.

어찌 보면 지극히 개인적인 이야기와
사진들이기 때문에

처음에는 망설임이 있었지만
아이들의 행복한 미래를 생각하며
함께 이야기를 나누기로 했습니다.

책이 나오기까지 애써준 아내에게 고맙고
아직은 모르지만, 나중에라도
어린 시절 사진이 이렇게 기록된 책으로 남도록
나에게 와준 두 아이에게 고마움을 남깁니다.

나중에 너희가 살아갈 대한민국은
좀 더 행복하길 바라며….

2023년 가을 아빠로부터

저자 서문

나는 두 아이의 아빠입니다.

책에는 아이들과의 이야기가 나옵니다.

★(별 하나)는 첫째 아이 이야기고

★★(별 둘)은 둘째 아이 이야기입니다.

★★★(별 셋)은 대한민국 전체의 이야기입니다.

글을 쓰면서

저의 생각을 솔직하게 담아내려 노력했습니다.

본격적인 작가로의 삶을 살아 온 것은 아니기에

완결된 멋진 문장은 아닙니다.

때로는 메모처럼
때로는 짧은 일기처럼
그때그때 생각을 담아두고,
앞으로 키워갈 생각들을 정리했습니다.

여러분과 제가 만나는 지금, 이 순간이
우리 아이들에게는
더 좋은, 행복한 대한민국을 이루는
출발점이 되었으면 좋겠습니다.

차례

1부. 아빠, 유재성 이야기

1장. 모두 웃는 대한민국

딸 바보 육아 천재 / 36

안전한 세상 / 42

2장. 행복 의무, 대한민국

고마운 배냇짓 / 48

정당이란 무엇인가? / 53

3장. 더 안전한 대한민국

두 얼굴의 아빠 / 62

무안전에 관대한 사회 / 65

4장. 책임지는 대한민국

어린이집 등원하기 / 74

안전을 책임지는 사회 / 81

5장. 공감하는 대한민국

슬픈 도은이 / 90

행동하는 공감 / 94

마음을 읽는 마음 / 101

국민과의 진정한 공감대 필요 / 106

1부를 마치며 / 113

2부. 정치인, 유재성 이야기

유재성, 정치에 관심을 갖다 / 123

새로운 세상 정치를 만나다 / 126

성장형 선거 이야기 / 129

첫 중앙 선거 이야기 / 132

정치 입문 이후 10년 / 135

중간수저 청년 정치인의 어려움 / 137

일에 진심인 유재성 / 142

유재성 그리고 도시 / 145

따뜻한 청년, 유재성 / 150

청년 정치인 그리고 미래 / 154

3부. 유재성 백문백답

백문백답 / 161

엄마의 편지 / 205

출마선언문 / 212

아빠, 유재성 이야기

정치란 덜 나쁜 놈을 골라 뽑는 과정이다.
그놈이 그놈이라고 투표를 포기한다면
제일로 나쁜 놈들이 다 해먹는다.

씨알 함석헌

1장

모두 웃는 대한민국

딸 바보 육아 천재

★

나는 두 딸의 아빠입니다.
딸 바보라고 놀려도 할 말이 없습니다.
하지만 한편으로는
나름의 육아 천재라고 자부합니다.

첫째 아이 한밤 수유를 제가 대부분 했습니다.
아이의 작은 울음소리에도
자동으로 벌떡 일어날 정도로 반응했습니다.

에이, 설마~~ 하시는 분 있으시죠?
하지만, 정말 진짜입니다!

목욕도 제가 거의 다 했습니다.
산후조리원에서 퇴원하면서 배운 후
집에서도 전혀 어려움 없이 잘할 수 있었습니다.
아이가 순하고, 물을 좋아해서

1부. 아빠, 유재성 이야기

쉽게 할 수 있었습니다.
물론 아내가 옆에서 도와준
수건과 로션 서비스도 많은 도움이 되었습니다.

한 팔 안에 쏙 들어오니
남은 한 팔로는 수유도 하고,
아이가 습진 한 번 걸리지 않게
기저귀도 잘 처리했습니다.
스스로 육아 천재가 아니냐고 생각을 했죠.
그러나 이것은 교만한 생각이었습니다.

★★

앞에서 이야기했듯
저는 두 딸을 둔 아빠입니다.
첫째를 기르며 육아 천재라는
착각에 빠져 살았는데
둘째 아이가 태어나면서
저의 실체가 밝혀졌습니다.

그냥 첫째 아이가
순하고, 편한 아이였던 것입니다.
글을 쓰면서 다시 생각하니
헛웃음만 나옵니다.

몰라도 되는 것을 너무 많이 알려준
둘째 딸래미~!

수유하고 난 후 트림은 언제 하나 싶어
조심스레 안고 있다가
조용히 눕히는 순간 우~웩, 헐!

다들 긴장하며 기저귀를 가는 순간
그냥 바로 쉬를 해버립니다. 헐!

이번에는 응가
모두가 초집중 상태!
기저귀를 갈려고
물티슈로 먼저 닦으려는 순간
"펑~!", "으악~~!"
똥대포다!!!
새로 바꾼 이불인데
또 이불 빨래해야 해?

아내와 저
그리고 언니인 첫째 딸아이도
피곤해지는 순간입니다.

안전한 세상

★★★

갑자기 육아일기를
왜 쓰고 있는 건지 궁금하실 겁니다.

나는 두 아이의 아빠입니다.
내 아이를 비롯해 그 친구들까지
미래 세대를 위하여
더 나은 세상, 안전한 세상,
기본이 바로 선 세상을
만들어줘야 하는 것이
아이에게, 미래 세대에게 해줄 수 있는
저의 책임이며 우리의 책임이라 생각합니다.

그동안 누군가 나서면 그를 돕거나
누군가 대신 해주겠지 하면서
다른 이에게 미루기만 했습니다.

1부. 아빠, 유재성 이야기

하지만 이제는 미루기보다
직접 하나씩 짚어보고, 생각해 보면서
그것을 하나 하나 기억하기 위해
이 책으로 옮겨 많은 사람과
함께 이야기해 보고자 합니다.
그리고 기회가 주어진다면
제대로 행동하려 합니다.

그러기 위해서 기본이 되는,
상식 있는 사회가 되어야 합니다.
그래서 미래에는 누구나
자신의 행복을 찾을 수 있도록
최소한의 기회가 주어지는
사회가 되기를 바랍니다.
많이 고민했고,
여러 사연을 읽고 들으려 했습니다.

우리 집 아이들 이야기를 써 가며
아이들이 살아갈 더 나은 대한민국을 생각하며
이야기를 하나씩 풀어 봅니다.

1부. 아빠, 유재성 이야기

국회의원은
국민을 웃게 해줘야 합니다.

국회의원은 입법으로
국회의원은 정권 창출로

국민을!
우리 아이를!
우리 미래 세대를!

웃게 해줘야 할
의무가 있다고 생각합니다.

2장

행복 의무, 대한민국

고마운 배냇짓

★

첫째 도은이는
'회복탄력성'이 좋은 아이입니다.
엄마 아빠에게 혼이 나도
5초만 지나면 웃으며 다가옵니다.
혼나서 힘든 마음인데도
곧바로 일어서는
회복력이 뛰어난 아이입니다.

처음 보는 사람에게도
방긋 웃으며 보고 싶었다고 안깁니다.
하물며 처음 보는 사람인데 말입니다.
언제 봤다고 보고 싶었는지 모르겠지만
그렇게 누구나 안아주는 따뜻한 아이입니다.

두 돌이 지나고 어린이집에 가기 시작했는데
단 한 번도 안 간다고 하지 않고

1부. 아빠, 유재성 이야기

웃으며 뒤도 안 돌아보고
오히려 잘 다녀오세요 하던 도은이.

언제나 환한 미소를 보여주고자 노력하는 아이,
그래서 더 미안한 아이.
도은아! 항상 고맙고, 사랑한다.

★★

둘째 아이 나은이는
'미소'와 '웃음'이 가득한 아이입니다.

나은이 출산 후 엄마와 함께 퇴원하는데
모두에게 방끗 웃어줍니다.
이런 나은이의 웃음을 보고는 깜짝 놀랐습니다.
첫째 도은이 때는 경험해 보지 못한
새로운 느낌이었습니다.
이것도 몰랐던 것을 알게 해준 사실입니다.
'배냇짓'이라고 누군가 알려주어서 깨달았습니다.

배냇짓 그 웃음이 보통 3개월 때부터 사라진다고 하는데
8개월이 넘은 지금도 활짝 웃어주는 모습이 여전합니다.
너무 고맙고 사랑스러운 아이입니다.

"나은아! 배냇짓이든 아니든 항상 웃어주어서
너무 고마워.
그 웃음 지켜줄 수 있도록 노력할게.
사랑한다."

딸 바보 유재성의 행복 스케치

정당이란 무엇인가?

★★★

정당법 2조를 보면 아래와 같이 정당을 규정하고 있습니다.

"국민의 이익을 위하여 책임 있는 정치적 주장이나 정책을 추진하고 공직선거의 후보자를 추천 또는 지지함으로써 국민의 정치적 의사 형성에 참여함을 목적으로 하는 국민의 자발적 조직"(정당법 2조)

그렇다면 정당의 목적은
무엇이라고 생각하십니까?
물론, 정당의 목적에는
다양한 이야기가 포함되겠지만
최우선은 다음이 아닐까 생각합니다.

"정당의 정치적 주장이나 정책을 책임지고 추진해야 한다."

딸 바보 유재성의 행복 스케치

정치적 주장과 정책을
책임지고 추진하기 위해서는
정당에게 정권 창출은
가장 우선해야 하는 목표입니다.
당의 공약을 통해서 또한,
입법기관으로서도 정책을 추진할 수도 있습니다.
하지만, 행정부로서 일하는 것이
책임지고 예산을 집행하며
제대로 정책을 추진할 수 있는
최선이라 생각합니다.

그렇다면 정권 창출을 하기 위해서
가장 큰 책임을 져야 할 사람은 누구일까요?

저는 바로 '국회의원'이라고 생각합니다.

지역구 국회의원은 지역 주민의 대표입니다.
모두의 대표는 아니지만
다수의 사람을 대표하고
그들의 목소리를 대변합니다.

전면에 나서서 정권 창출을 위해
공약을 홍보해야 합니다.
상대 후보의 문제를 지적하고
유권자를 설득해야 합니다.
물론 원외일 경우에는
지역위원장이 대신해야 할 일입니다.

그런데 현실은 그렇지 않습니다.

국민의 이익과 미래를 말하기보다
자신의 이익과 미래를 생각하기 바쁜 듯 보입니다.

어느 순간 '원팀'을 강조하고,
갈등을 봉합하는 일에
시간을 더 쏟아야 하는 상황이 벌어집니다.

이런 일만 있는 것이 아닙니다.

본인의 의무가 무엇인지
전혀 모르는 국회의원도 있습니다.

딸 바보 유재성의 행복 스케치

대통령 선거를 예로 들면
선거기간 동안 그냥 자연스럽게
국회의원이기 때문에 위원장을 맡고
명단 만들어 지지 선언하면 끝일까요?
이런 안이한 태도는
본인의 의무와 책임을 회피하고
아무것도 하지 않는 국회의원,
일하지 않는 국회의원으로 규정할 수 있습니다.

새로운 정책을 만들고
상대의 잘잘못을 지적하고 바로 잡으면서
우리 후보가 대한민국의 미래를 위한
더 좋은 선택이라고
모두를 설득해야 합니다.
이외에도 할 일을 찾으면 정말 많을 것입니다.

공부하지 않고 노력하지 않고
누군가 하겠지, 그런 안일한 생각을 하는
베짱이형 국회의원도 있습니다.
국민은 다 알고 있습니다.

실력으로 국회의원이 되었든!
운이 좋아 국회의원이 되었든!
반짝하는 인기몰이 이벤트 덕분에
국회의원이 되었든!
국회의원이 되었다면
정권 창출을 위해서
최선을 다해야 할 것입니다.

초선이라서 또는 잘 모른다는 변명으로
피할 수 있는 일이 아닙니다.

국민에게 권력을 위임받았고
국민에게 책임을 져야 한다면
국회의원은 목과 어깨에 힘을 빼고
체면 불사하고 배우고 최선을 다해야 할 것입니다.

국회의원은 입법으로
국회의원은 정권 창출로

국민을!

우리 아이를!

우리 미래 세대를!

웃게 해줘야 할 의무가 있다고 생각합니다.

국회의원과 행정부는

'상식'과 '기본'이 통하는 사회를

만들어 나가야 할 책임이 있습니다.

어떤 중요한 일을 할 때에는
그것이 현실이냐 비현실이냐를 따지기보다는
먼저 그 일이 바른 길이냐
어긋난 길이냐를 따져서 결정하라.

백범 김구

3장

더 안전한 대한민국

두 얼굴의 아빠

★

첫째 아이 도은이는
아빠를 무척이나 좋아합니다.

아빠 배 위에서 잠을 자고
아빠 다리에 매달리고
아빠하고 매일 같이 몸으로 노는 아이입니다.

그런데 아빠를 그렇게 편하게 생각하는 반면,
한편으로는 아빠를 무서워하기도 합니다.
질서를 안 지키면 집 밖이든, 안이든
무섭게 혼내는 아빠.
해서는 안 되는 일을 하면
눈물, 콧물 쏙 빼놓을 정도로 혼내는 아빠.
사회 기본과 상식을 벗어나면
할아버지, 할머니 앞에서도
누구보다 무서워지는 아빠.

딸 바보 유재성의 행복 스케치

어려서부터 매일 놀아주고
주말이면 데리고 나가 어디든 가서
하루는 꼭 놀아주는 아빠라 그런지
아빠를 따르면서도 무서워합니다.

"어린 것이 뭘 안다고"
생각하면 안쓰럽지만
기본과 상식이 없는 사람으로
성장하면 안 되기에 마음은 아프지만
때로는 누구보다 무서운 아빠가 됩니다.

"도은아! 너무 미안해.
그런데 우리 도은이 누구보다 사랑한다.
항상 눈앞에 아른거리고 자꾸 생각하게 되네.
너무 미안하고 사랑해서."

딸 바보 유재성의 행복 스케치

무안전에 관대한 사회

★★★

대한민국 사회는 지금 비정상의 일반화가 심합니다.
해서는 안 되는 행동인데도 불구하고
아주 자연스럽게 해치워 버립니다.
그리고 그 행동이 마치 영웅담인 양
떠들고 다니는 경향이 있습니다.
또 그 행동이 사법적으로 문제가 생겼을 때
무척이나 관대한 것처럼 보입니다.

대표적인 예를 들어볼까요?
한국은 음주와 관련된 범죄에
관대한 경향이 있습니다.
음주운전을 하면 안 된다는 것은
저희 첫째 딸도 알고 있을 정도입니다.

음주 후 걸리지 않으면 된다며
운전대를 잡는 경우가 있습니다.

걸려도 '벌금 내면 되니 괜찮다'라고 합니다.
걸려도 '재수 없어서 걸렸다'라고 생각합니다.

2023년 7월, 상습 음주 운전자에 대해
차량 몰수를 신청했는데
법원에서는 받아들이지 않았습니다.
그런 법이고, 단속이라면
정말 있으나 마나 한
음주운전 방지 대책이라고 생각합니다.

'동아일보'에서 2023년 5월,
음주 사고에 대한 재판 판결문 100개를 분석했습니다.
상해사고는 징역 10개월 ~ 2년 6개월,
사망사고는 징역 2년 ~ 5년 정도의 형량을 받았습니다.
이는 음주 사고로 재판을 받은 사람 중
약 10%에 불과했다고 합니다.
90%는 집행유예나 벌금형이었습니다.

한국은 종합보험 가입이 되어 있다고,
합의를 보았다고, 초범이라고,

심신미약 등의 이유로

음주 사고에 관대한 처벌을 내리기도 합니다.

처벌이 솜방망이인 것과는 별개로

우리가 놓치고 있는 것이 있습니다.

바로 피해자 입장에서 생각해 볼 필요가 있다는 것입니다.

피해자와 피해자 가족의 삶은 어떻게 되는 것일까?

새벽에 도로에서 일하다 음주 차량에 치여

두 다리를 잃은 가장 A씨.

가해자는 보험사를 통해 A씨와 합의했습니다.

가해자는 합의로 인해 솜방망이 처벌을 받았고

아무 문제 없이 잘살고 있습니다.

문제는 피해자와 가족입니다.

앞으로 이 가족의 삶은 누가 책임질까요?

생계 문제와 자녀들의 미래, 행복을 위해

필요한 최소한의 조건을 누가 책임질 수 있나요?

사람은 누구나 '행복을 추구할 권리'가 있습니다.

하지만 음주운전 피해자와 가족은

한순간에 행복에서 멀어져

삶을 어떻게 영위할 것인가를
고민해야 합니다.

묻고 싶습니다.

이런 음주 사고와 같이
한 가족의 행복을 뺏어가고도
가해자는 아무렇지도 않게 살아가는
형법과 민법! 바꿔야 하지 않을까요?

피해자와 그 가족에게
필요한 것은 가해자의 합의금이 아닙니다.
자신들의 행복을 지킬 수 있도록
최소한의 권리를 주장할 수 있도록
법률적 배경을 만들어줘야 합니다.

가해자의 인권을 위해
피해자의 행복을
희생해서는 안 됩니다.

1부. 아빠, 유재성 이야기

이제는 "기본이 안 되고, 비상식인 사회"에서 벗어나기 위해
보다 강력한 조치를 위한 법 개정이 필요합니다.

정치인, 검사, 판사 등 세상 누구에게라도
평등하게 적용되는
법 개정이 이뤄져야 할 때라고 생각합니다.

저는 도은이에게 무서운 아빠지만,
저는 도은이에게 무서운 아빠로만
남고 싶지는 않습니다.

그리고 기본과 상식이 있는
'기본사회, 상식사회'를 위한 활동을 위해서
저와 저희 식구부터
'기본사회 구성원, 상식사회 구성원'이 되기 위해서
조금 더 노력할 생각입니다.

'기본사회, 상식사회'로 나아가야
무서운 아빠를 자주 만나는 도은이에게
조금이나마 덜 미안할 것 같습니다.

딸 바보 유재성의 행복 스케치

국회의원과 행정부는
'기본'이 바로 선 '상식'이 통하는 사회를
만들어 나가야 할 책임이 있습니다.
국회의원과 행정부는 미래 세대를 위해
안전한 보육 시스템을 구축해야 합니다.

국회의원과 정부는
안전한 보육 환경을 만들어야 합니다.

그래야 미래 세대의 안전을 보장하고,
영유아 부모들이 편한 마음으로
사회 활동을 할 수 있을 것입니다.
나아가 출산을 고민하는 부부들 또한
육아 고민을 덜 수 있는 세상이 될 것이라 생각합니다.

나는 좋은 사람과
악한 사람들 사이의 싸움 때문에
정치판에 있다.
그리고 나는 이 싸움 끝에서
좋은 사람이 이길 것이라고 믿는다.

마가렛 대처

4장

책임지는 대한민국

어린이집 등원하기

★

첫째 도은이는 어린이집에 다니기 시작했습니다.
그래서 뉴스에서 어린이집, 유치원에서의
아동 폭력 및 학대 관련 소식이 보도될 때마다
가슴이 철렁 내려앉았습니다.

"저 어린 것들이 무엇을 잘못했다고
힘없는 아이들에게 저럴까."
분노가 치밀어 오르곤 했는데
도은이가 어린이집에 가야 할 때가 된 것이죠.

'어디를 보내야 하나?'
'도은이는 잘 적응할 수 있을까?'

이런 생각보다
가장 먼저 든 걱정은

'우리 도은이 안전할까?'였습니다.
아이는 부모를 믿고 의지하며 성장하는데
맞벌이 등 집안 사정으로
어린이집 혹은 유치원에 보내야 합니다.
하지만 부모 입장에서는
그저 불안할 수밖에 없습니다.

많은 정보를 찾아보고
아는 분의 도움으로
어린이집을 찾았고
드디어 보낼 수 있었습니다.
아이에게 잘해주시고
아이도 적응을 잘하고 있습니다.

적응 기간이란 것이
도은이에게는 필요 없을 정도였습니다.
두 돌이 지나자마자 보냈는데
집에 돌아가기 싫다고 할 정도였습니다.
이른 아침 어린이집에 데려다주면
쳐다도 보지 않고 안으로 휙 들어가 버립니다.

어떤 면에서는 고맙기도 한 일입니다.

적응도 잘하고 울지 않고

엄마, 아빠가 열일할 수 있게 해주니 말입니다.

"그런데 도은아!

그거 아니?

진짜 섭섭했지만,

그래도 고맙고,

도은이와 매일 아침 어린이집 등원이

엄마, 아빠에게는 행복한 일이야!"

1부. 아빠, 유재성 이야기

★★

둘째 나은이는 아직 돌도 지나지 않았습니다.

올해 겨울이 오면 첫 생일을 맞이합니다.
나은이는 돌잡이를 하게 된다면
무엇을 잡을지 궁금합니다.

나은이도 도은이처럼
어린이집에 등원해야 할 때가 올 텐데
종종 걱정이 되기도 합니다.

무슨 걱정이냐면 앞서 적었던 것처럼
"안전"입니다.

첫째가 다녔던 어린이집을
그대로 보낸다면
그나마 안심이 되겠지만,
그러지 못할 상황이라
도은이 보낼 때처럼 근심이 생겼습니다.
도은이와는 다른 걱정도 있습니다.

'응가발사'

'분유 속 역류' 등

모르고 지나가면

더 좋았을 것을 알려준 나은이!

나은이가 어린이집에 잘 적응할지

등원 때마다 웃으며 헤어질지

종종 걱정스럽기만 합니다.

"나은아! 언니처럼 너무 쿨하면 섭섭하다!

적당히 떨어지기 싫은 척이라도 부탁한다~!"

딸 바보 유재성의 행복 스케치

안전을 책임지는 사회

★★★

아이가 있는 집이라면 대부분
한번은 겪을 고민! 바로,
어린이집 혹은 유치원 보내기.

내 아이를 어린이집에
유치원에 처음 보낼 때라면,
많이 고민할 수밖에 없을 것입니다.
특히 폭력, 학대 그리고 먹는 것에 대해
신경이 쓰이지 않을 수 없습니다. .

뉴스에서 많은 사건을 접하다 보니
내 아이가 간 곳은 괜찮은지
한 번 더 살피고 신경을 씁니다.
일부 폭력적인 선생님들이나
아이들이 먹는 음식물에
나쁜 짓하는 선생님들이 있다고 합니다.

그런데 이런 일이 오로지
그들만의 잘못일까요?

지금 어린이집 선생님 배치 기준은
만 0세는 3명, 만 1세는 5명,
만 2세는 7명, 만 3세는 15명,
만 4세 이상은 20명으로 정해져 있고,
재량에 따라 만 0세를 빼고
인원수를 탄력 편성할 수 있다고 합니다.

말을 알아듣는 만 4세 이상은
만 1세보다 수월할 것입니다.
그래도 아이들을 돌보는 것과
교육하는 것은 보통 일이 아닙니다.
점점 와일드해지는 엄마들을 보면
쉽게 이해가 됩니다.

선생님에 대한 처우 개선,
보육 환경 개선,
교사의 주기적 교육 이수 시스템 일원화 등을 통한

교육 환경 체질 개선이 이루어져야 할 것입니다.
이를 위해서는 어린이집과 유치원 통합이 필요합니다.
하지만 부처가 다르고 이해관계가 달라
쉽지 않은 듯합니다.

선생님이 되는 방법도 두 가지 길이 존재합니다.
실습 이수만으로 되는 분들과 그리고
유아교육 등의 4년제 혹은 전문대학을 졸업하고
유치원 교사 자격증을 취득하여 교사가 되는 분들입니다.
그렇다 보니 이 두 집단 사이의
갈등이 있을 수밖에 없는 현실이
우리 아이들의 '안전'을
걱정하게 만드는 것 같습니다.

그렇다고 그냥 가만히 있어야 할까?

"안전"과 "미래 세대"

정치는 반복적인 설득 운동입니다.
만나서 서로 간격을 좁히고

입법으로 채찍과 당근을 주는 활동을
꾸준히 반복적으로 지치지 않고
해야 할 때가 아닌가 생각합니다.
출산율이 역대 최악입니다.
아이를 출산한다 해도
아이를 양육하는 데 있어
기본 중 하나인 보육 문제가
해결이 안 되는데
쉽게 출산할 수 있을까요?

출산휴가를 쓰면 되지 않느냐?
출산휴가 다녀오면
책상이 지방으로 가 있는 경우가
허다하다고 합니다.
외벌이로 살아가기 어려운 지금
보육 문제는 단순하게
아이를 양육하는 문제에서
끝나지 않습니다.

우리 아이들의 '안전'

우리 미래 세대의 '안전'

이 이유만으로도 이제는 행동해야 합니다.

보육 시스템의 확대 및 재점검

보육 시스템의 재입법

보육 선생님에 대한 처우 개선 등

국회의원과 정부는

안전한 보육 환경을 만들어야 합니다.

그래야 미래 세대의 안전과

영유아 부모의 마음 편한 사회 활동으로 이어져

출산을 고민하는 부부들에게

보다 편한 세상이 되지 않을까 생각합니다.

국회의원은 책임감을 지녀야 합니다.

"국회의원은

'책임' 지고 입법하고

'책임' 지고 정권 창출에 기여하며

'책임' 지고 끊임없이 고민해야 합니다."

민주의의가 성립하기 위해서
우리는 단순 관찰자가 아닌 참여자가 되어야 한다.
투표하지 않는 자, 불평할 권리도 없다.

루이스 라모르

5장

공감하는 대한민국

슬픈 도은이

★

첫째 아이 도은이가
가장 좋아하는 TV 프로그램은
파산핑이라 불리기도 하는 '티니핑'입니다.
벌써 시즌 4가 나온다고 합니다.
눈꽃핑 예쁘더군요.
그에 못지않은 '신비아파트'
요즘은 시들해졌지만 '시크릿쥬쥬'
그 아이 또래가 좋아하는 캐릭터 만화입니다.

이 프로그램들 못지않게
좋아하는 프로그램이 있는데
외과의사가 나오는 드라마와
교통사고 블랙박스 영상이 나오는
'한블리'입니다.
7살 아이가 좋아할 만한 프로그램은
아닌 것 같은데

유난히 찾아보려 합니다.
우리 집은 TV를 많이 보지 않는 편인데
도은이는 뭐 보고 싶냐고 물어보면
'한블리'부터 말하는 걸 보니
많이 좋아하는 것 같습니다.

어느 날 도은이가
한블리를 보면서 울었습니다.
그것도 그 조그마한 얼굴에
평평 울면서 서글프게 말이죠.
놀라서 왜 그러냐고 묻는데
그 대답이 충격적이었습니다.

뭘 보며 우나 보니
'도현이 급발진 사건'이었습니다.
아프겠다면서
차가 멈추지 않았다고 하면서
계속 울었습니다.
그 후로 한동안 도은이는
저에게 운전 조심하라고

반복에 반복하며 나갈 때마다 당부합니다.
도은이도 이게 잘못되었다는 것을
아는 것 같았습니다.
그동안 마음속 한구석으로만
분노했던 제가 부끄러워진 순간이었습니다.
안타까운 일이라는 것을
저 조그마한 아이도 아는데….

책임을 져야 할 어른 세대는 회피만 하고
저런 사고가 있었음에도 제조사도 사회도
모두 오랜 시간 지켜만 봐야 했다는 것이
미안해지는 순간이었습니다.

"도은아, 걱정해줘서 고마워~!
도은아, 저런 안타까운 일이
더 이상 일어나면 안 되겠지?
도은이가 더 이상 울지 않게,
아빠와 어른들이
'책임'이라는 것을
가슴에 새기도록 할게.
고마워 도은아, 일깨워줘서."

1부. 아빠, 유재성 이야기

행동하는 공감

★★★

요즘 자동차는 전자제품 같다고 합니다.
덕분에 여러 가지 편리한 측면도 있지만
각종 돌발적인 문제가 생기고 있고,
급발진도 그중 하나로 알고 있습니다.

정말 생각도 하기 싫지만
급발진 사고가 발생하면
그 사고의 원인이 급발진이라는 증명을
운전자 측에서 해야 합니다.
최근 제조물책임법 개정을 통해
제조사가 사고의 원인이 급발진이 아니라는
입증을 하라는 움직임이 있으나
아직 요원한 상황입니다.

한국은 제조사보다 소비자가
피해를 감내해야 하는 경우가 많습니다.

자동차 급발진, 수입차 불량,
아파트 및 신축 주택의 하자나
다른 분야지만 의료사고 등등.
소비자가 제조사의 제품 결함을 입증하거나
하자인데도 어쩔 수 없이 넘어가야 합니다.
때로는 제조사가 돈으로 조용히 넘기려는
회유도 있다고 합니다.

급발진 사고로 의심되는 사고는
EDR(사고기록장치)을 보면
거의 같은 형태의 기록이 남는다고 합니다.
같은 패턴과 수치의 기록이라면
이건 합리적 의심이 드는 것은 당연합니다.

하지만 그동안 누구도 여기에
'책임'을 지고 나서지 않았습니다.
누구보다 적극적이어야 할 자동차 회사가
나서지 않는 것은 사회적 책임을 져야 할
기업의 태도는 아니라고 생각합니다.

한국에도 '레몬법'이 있습니다.
미국의 '레몬법'을 따와서 만든 것이지만
결정적인 차이점이 있습니다.
바로 '징벌적 손해배상'이 없습니다.
그러다 보니 처벌이 약합니다.
강제성이 떨어지고
기업 중심이다 보니
피해는 고스란히 소비자에게 돌아갑니다.
이런 취약한 손해배상 제도 때문에
외국계 회사도 자국에서는 생각도 못 할 만큼
대한민국 국민에게는 배짱 장사를 합니다.

자동차만이 아닙니다.
아파트도 지금은 후분양이 아닌
선분양 제도로 인하여
주택 구입자는 집을 보지도 못하고
허울 좋은 견본 주택만 믿고
그 큰 액수의 집을 덜컥 계약해야 합니다.

의료사고도 환자 가족이 증명해야 하는 것이

참으로 쉽지 않은 일입니다.

어느 분야에서 일을 하든
자신의 분야에서 '책임'을 지면서
'사명'을 가지고 일을 하는 것은
당연하지만, 쉽지 않은 일입니다.
하지만 고부가가치 제품과 기술을 가진 주체일수록
책임감은 반드시 지녀야 할 양심이라고 생각합니다.

국회의원도 마찬가지라고 생각합니다.
국회의원은 제대로 된 입법을 하라고
지역에서 뽑은 지역민의 대표이자 대리인입니다.

어떠한 형태로 국회의원이 되었든
그 자리는 권력을 휘두르라고,
어깨에 힘 좀 넣고 다니라고 준 자리가 아닙니다.

쉬지 않고 고민하고 치열하게 생각하여
좋은 입법을 책임지고 수행하라고 준 자리입니다.
정권 창출을 통해 정당의 이념과

공약을 실현하는 데 최선을 다하라고 준 자리입니다.

그래서, 국회의원의 '책임'은 참으로 무겁습니다.

제대로 못 하면 그 피해는 국민에게 돌아가고
도은이 같은 아이들의 미래가
계속 울음바다일 수 있기 때문입니다.

'책임'을 다할 수 있어야
'무거움'을 감당할 수 있어야
'노력과 치열함'을 이뤄낼 수 있어야

국민과 지역민의 대표가
될 수 있습니다.

국회의원은
'책임'지고 입법하고
'책임'지고 정권 창출에 기여하며
'책임'지고 끊임없이 고민하여야 합니다.

1부. 아빠, 유재성 이야기

국회의원은 공감 능력을 가져야 합니다.

국회의원과 행정부는
보다 절박한 사람들이
기본적인 삶을 영위하면서
희망을 가질 수 있도록
'공감'할 수 있는
정책을 만들어야 할 때가 아닌가 생각합니다.

딸 바보 유재성의 행복 스케치

마음을 읽는 마음

★★

둘째 아이 나은이는 아직 돌이 안 지났지만
튼튼하고 또래 아이보다 힘도 세고,
본능에 충실하며 환한 미소가 가득한 아가입니다.

다만 아직은 아빠를 너무 닮았습니다. ㅜㅜ

"괜찮을 거야… 나은아!
언니도 태어나자마자 첫 마디가
"붕어빵"이었어. 너무 아빠를 닮아서 놀랐거든…
지금은 여자아이같지 않니?
희망을 갖자!"

딸 바보 유재성의 행복 스케치

★★★

그런데 첫째와는 달리
둘째 아이에게 주어지는
너무나 다른 출생 혜택에
적지 않게 놀랐습니다.

그리고
시도마다 혜택이 다르고
시군마다 혜택이 다른 것에
또 놀랐습니다.

'감사합니다' 하며 받은 혜택!
그런데 정부와 국회의원은
이런 정부 혜택을 바라보는
서민의 마음을 얼마나 알까?

그들은 쉽게 말하지만
정작 필요로 하는 국민의 마음을 제대로 알까?

얼마 전 실업급여에 대한 이슈가 있었습니다.

실업급여가 누군가에는 어떤 의미인지 그들은 알까?

"도은아, 나은아!
너희가 성인이 되면 정부 시스템을 이용할 텐데
조금 더 제대로 '공감' 하는,
사람이 사람답게 살아갈 수 있는
'기본 사회'
'최소한의 삶을 살 수 있는 사회'가
될 수 있는 시스템을 만들어줘야 하겠지?
아빠가 그리고 뜻있는 어른들과 함께
한번 해볼게, 응원해줘~!"

1부. 아빠, 유재성 이야기

국민과의 진정한 공감대 필요

국회의원과 행정부에
몇 가지 묻고 싶은 것이 있습니다.

'실업급여 받아보셨나요?
아니 받는 절차와 몇 번 받을 수 있는지 아시나요?'

'취업원서 100개 넣어보셨나요?'
'부모급여 아시나요?'
'아동급식카드 방학 때 실효성 아시나요?'
'부부인데 혼인신고 하지 않는 이유 아시나요?'
많은 것을 묻고 싶습니다.
왜냐고요?
실업급여를 가지고 일부가 악용한다고
전체를 수정하겠다고 합니다.
실업급여를 받는 것이 절박한 상황에서
얼마나 구세주 같은 역할을 하는지 모릅니다.

딸 바보 유재성의 행복 스케치

어디에서든 일을 해야 하는데

사람답게 일을 해야 하는데

그렇지 못한 경우가 종종 있습니다.

그래서 중소기업을 비하해서 부르기도 합니다.

면접 보러 오라고 해서 갔더니

서류 심사자가 면접 및 채용을 위해서가 아니라

어떤 사람인지 궁금해서 불렀다고 하는 때도 있다고 합니다.

한끼 8,000원 ~ 9,000원 아동급식카드

대부분 순수한 아이들이

눈치 보며 끼니를 해결해야 하는 상황.

부족한 금액에 어쩔 수 없이

편의점에서 저렴한 식사를 해결하는 현실이

이제는 놀랍지도 않습니다.

'결혼하지 않는다'

'출산하지 않는다'

현실이 그렇습니다.

결혼식을 하고도

108

딸 바보 유재성의 행복 스케치

혼인신고를 하지 않는

현실을 아시나요?

'1=100일 때 1+1=50이 되는 현상'

아시나요?

첫 번째 문제는 주택문제입니다.

생애 첫 주택담보 대출 관련해

1인당 한 번의 기회가 있는데

결혼하면 이용 혜택이 줄어들거나 사라집니다.

이 외에 정부에서 주는 주택 대출 이용 자격을

부부 합산 년 소득 7,000만 원에서

8,500만 원 이하로 올렸습니다.

전세자금 대출 요건도 6,000만 원 이하에서

7,500만 원 이하로 높였습니다.

하지만 대부분 신혼부부는

주택 매매보다 전세에서 시작하는 경우가 많습니다.

2021년 기준 맞벌이 부부 평균소득은 8,040만 원이고

신혼부부 연간 평균소득은 6,400만 원으로

많은 신혼부부가 전세자금 대출을
받지 못하는 상황이 옵니다.

차라리 미혼일 때 받을 수 있는 혜택이
더 낫다고 하여 혼인신고를 하지 않는
풍토가 생겼다고 합니다.

이런 상황을 젊은 부부들 혹은 연인들 사이에서는
일명 '결혼 패널티'라 부릅니다.
덩달아 혼인신고 없이 아이를 가질 수 없어서
출산도 미루는 악순환 고리가 만들어졌습니다.

위와 같은 일들이 왜 벌어졌을까?

'정책을 대상자보다 만드는 사람들 입장'에서
만들었기 때문입니다.
정책을 만드는데
'폭넓은 공감대를 형성하지 못하고'
만들었기 때문입니다.

1부. 아빠, 유재성 이야기

모든 사람의 입맛에 맞는 정책은
어려운 것이 분명합니다.
하지만 누구를 위한 정책을 설계할 것인가는
고민할 수 있을 것입니다.

"국회의원과 행정부는
절박한 사람들이
기본적인 삶을 살 수 있도록
미래에 대한 희망이 가능한
'희망 공감대'를 가질 수 있는
정책을 만들어야 합니다."

딸 바보 유재성의 행복 스케치

1부를 마치며

국회의원은
'책임'을 져야 하고,
'약속'을 지켜야 하고,
'민생'을 살펴야 하고,
'국민'을 먼저 생각해야 합니다.

국회의원은 쉬운 자리가 아닙니다.
국회의원은 한번 해볼까, 하는 자리가 아닙니다.

물론 모를 수도 있습니다.
하지만 모른다면 진정으로 열심히,
제대로 공부해서 입법해야 하고
지역을 발전시키며
시민, 국민과 호흡해야 합니다.

현 정부는 '책임'이라는 단어를 모르는 것 같습니다.
모든 것이 전 정부 탓이라 합니다.

현 정부는 '약속'이라는 단어를 모르는 것 같습니다.
대통령 선거 때 했던 많은 공약(公約)들을
손쉽게 뒤집어 공약(空約)으로 만들어 버립니다.

현 정부는 '민생'이라는 단어를 모르는 것 같습니다.
너무나 쉽게 국민에게 가는 복지를 외면하고
국민의 삶을 보지 않습니다.

현 정부는 '국민'이라는 단어를 모르는 것 같습니다.
국민의 눈치를 보지 않고 막무가내식 행태,
앞뒤 맞지 않는 행태,
언론을 통해 만천하에 공개되어 증거가 다 있음에도
말 바꾸기 행태 등을 너무나 쉽게 보입니다.

정부가 제대로 된 길을 가지 못하면
이를 저지하는 것이
국회의원의 임무 중 하나일 것입니다.
그것이 공개적인 활동이든
온라인 플랫폼을 통한 발언이든
국민의 피해가 있을 것이

뻔히 보이는 상황에서
모른 척해서는 안 됩니다.

현 정부가 잘못하고 있으면
여권은 그렇다 하더라도
야권은 이를 막아야 할 것입니다.
하지만 이를 몸으로 실천하는
국회의원이 얼마나 될까요?
지역에서 지역민에게라도 알리고
지역민과 함께 정부의 잘못을 지적하거나
최소한 온라인에서라도
지속적인 활동이 있어야 할 것입니다.
이렇게 일하는 의원이 얼마나 될까요?

이제는 바뀌어야 합니다.
더 이상 국민이 국가를 위해
희생해야 한다는 생각에서 벗어나야 합니다.

이제는 국가가 국민을 위해
희생하는 시대로 가야 합니다.

국가가 국민의 행복을 위해,
국민 스스로가 본인의 행복을 추구할 수 있도록
최소한의 장치를 마련해줘야 합니다.

본인의 행복을 위해
타인의 행복을 침해하지 못하도록
강력한 법으로 규제하고
헌법 10조 '행복추구권'을
실현할 수 있도록
시스템을 만들어야 합니다.

기회가 주어진다면
일부가 행하였던
기준 없는 입법이 아닌
헌법 10조 '행복추구권'의 이념 아래
입법하고자 합니다.

기회가 주어진다면
'책임'이라는 '무거움'을 어깨에 지며
'치열함'과 '노력'을 다해

국민과 '공감'하는 입법과
정치를 하고자 합니다.
기회가 주어진다면
미래 세대의 '안전'
미래 세대의 '교육'
미래 세대의 '보다 나은 세상'을 위해
고민하고 또 고민하며 뛰어보고자 합니다.

기회가 주어진다면
'기본'이 바로 선
'상식'이 통하는
'기본 사회',
'최소한의 삶을 영위하는 사회'를 위해
노력하고자 합니다.

말로만 미래 세대 이야기를 하는 것은 아닙니다.

새로운 세대가 등장하여
새로운 세상, 더욱 나은 내일을 만들어야 할 때입니다.

저의 두 아이,

두 아이의 친구와

그 세대가 주인공이 되는 그때를 위해서

그 어느 때보다 치열하게 움직여야 할 시기입니다.

뛰고 싶습니다.

당신 스스로가 하지 않으면
아무도 당신의 운명을 개선시켜 주지 않는다.

B. 브레히트

정치인, 유재성 이야기

딸 바보 유재성의 행복 스케치

유재성, 정치에 관심을 갖다

무일푼으로 시작한 부모님에게서 태어난 80년대생 유재성.

경제 성장기였지만 삶 자체가 치열하던 시대였다. 부모님 역시 치열한 시대 속에서 빈손으로 시작하였기에 그 어려움과 서러움은 당해보지 않은 사람은 모를 것이다.

아카데미 감독상을 받은 영화 기생충을 보면서 그 반지하 방이 전혀 낯설지 않았다. 어린 시절 물이 찼던 반지하 방이 우리 가족 모두의 터전이었기 때문이다. 그런 집에 혼자 있기 싫어서 집 밖을 떠돌 정도로 가난했던 어린 시절.

하지만 지금도 부모님께 감사한 것은 최대한 좋은 것을 먹이고, 힘닿는 한 가르쳐 고등학교까지 무난히 졸업시켜 주셨다는 것. 지금 돌아보면 사춘기도 없이, 특별히 친구들과 불편한 사연도 없이, 무사히 지낸 편이 아닌가 싶다. 어찌 보면 복 받은 학창 시절이었다는 생각도 든다.

하지만 대학에 들어가서는 내 삶에 문제가 있다는 것을 깨달았다.

"나는 진짜 몰랐구나. 내가 사회에 대해, 상식에 대해 무지하다는 것을."

그동안 나는 이기적으로 살았다. 나와 친구들의 행복과 즐거움만을 추구했고, 사회의 상식과 이율배반적인 이중성 그리고 누구나 피하고 싶은 어두운 면에 대해 외면하고 있다는 것을 뒤늦게 자각하게 되었다.

한동안은 이런 깨달음도 애써 외면하고, 모든 것이 그저 외부요인에 의한 영향이라고 생각했다. 그렇게 정작 챙겨야 할 것은 챙기지 못하고 대학에 들어와 총동문회와 학교 관련 각종 단체 등에서 임원으로 활동하면서도 정작 알아야 할 것과 공부해야 할 것은 외면했다. 결국 이 모든 것은 내 문제였다.

군 소집해제(공익근무) 할 때만 해도 나 하나만 아는 삶이었다. 타인을 챙기는 척은 했지만, 진정으로 다른 사람과 함께하려 했냐 묻는다면 솔직히 "그렇습니다"라고 답할 자신이 없다.

새로운 세상 정치를 만나다

복학 후에도 뚜렷한 목표가 없었다. 어떤 활동을 하든 과거와 다르지 않았다. 이런 방황 중 2007년 대선에서 지역 선거에 참여하게 되었다. 뭔지도 모르고 반강제로 끌려가다시피 한 그곳은 나에게는 완전히 새로운 흥미진진한 세상이었다.

그러나 그런 흥미도 잠시 대선은 이내 끝났고 2008년 광우병 파동이 사회를 흔들었다. 예전 같으면 무관심하게 지나갔겠지만, 그때는 달랐다. 이제는 알아야 했다. 누구도 친절하게 알려주는 것이 아니기에 세상에 대한 합리적이고 정의로운 판단을 위해서는 스스로 알아야 했다. 그래야 다른 사람과 함께할 수 있었기 때문이었다.

과거에는 관심 없던 사회 약자 문제, 복지 시스템 문제 등에 관심을 갖기 시작했다. 그리고 정치인의 이름보다는 그들의 활동에 조금은 더 관심을 두었다.

단체 안에서 작은 조직도 만들어 보고 조직장도 맡으며 어리숙하지만 나름대로 체계적인 틀을 만들고 있었다. 2011년 겨울, 많은 가르침을 주시던 선배가 2012년 총선에 출마하는 친구를 도와달라는 제안을 해오셨다.

만나보고 결정하고 싶었고 그래서 만남이 이루어졌지만 생각보다는 아주 인상적인 만남은 아니었다. 그냥 보통의 선배를 만나는 것과 크게 다르지 않았다. 다만, 당시 이 대화만은 뇌리에 강한 기억으로 남았다.

"선배님, 다른 정치인과 다르게 약속은 지키는 분이 되어주세요!"
"그럼요. 다 나쁜 놈입니다. 덜 나쁜 놈을 뽑아야 합니다. 더욱 나은 세상을 만들어야 하지 않겠어요?"

'더욱 나은 세상' 참으로 맞는 말이면서 어려운 말이다. 이 대화로 본격적으로 선거판에 합류하게 되었다. 그런데 문제가 있었다. SNS를 담당해 달라는데 당시 SNS 선거라는 특별한 프로세스와 개념이라는 것이 없었다. 더구나 나는 SNS 관련해서는 아무런 지식도 없었다.

성장형 선거 이야기

우여곡절 끝에 2012년 총선에서 SNS를 담당하게 되었지만, 솔직히 말하자면 이 분야에 대해 아무것도 몰랐다. 하지만 여러 상황 때문에 모른다고 할 수도 없었다. 다행히 캠프 합류를 위해 이사를 해야 한다는 점과 캠프에 있는 누구도 SNS에 대해 모른다는 점이 나에게는 시간을 벌어주었다.

성격상 대충하는 것은 너무 싫었다. 그날로 가장 큰 서점으로 달려가 블로그 관련 책을 4권 샀다. 물론 그 4권을 가져와 첫 장을 펼쳐보고는 모두 내용이 다 비슷해서 후회했던 기억도 난다.

블로그 마케팅의 기초를 배우고 인터넷에 횡횡하는 다양한 정보를 수집하고 기존에 블로그를 잘한다는 분들의 방법을 스터디하고, 정리하면서 나만의 방법을 만들어 갔다.

후보자의 블로그를 만들어 놓고 몇 명이 방문하는지 궁금해 안절부절못하는 상황이 펼쳐졌다. 급한 성격 누구 못 준다고 아침마다 데이터를 살폈다. 블로그 방문자는 늘지 않았다.

그러나 포기할 수는 없는 법. 시행착오를 겪으며 한 달 넘게 나만의 방식을 다시 만들었다. 드디어 이 방식이 아직도 유용하게 사용하고 있는 나만의 솔루션이 되었다. 그 결과 초창기 블로그 플랫폼에서는 유의미한 성과를 거두었다.

하지만 트위터에서 답답한 문제가 생겼다. 막 시작했으니 당연히 온라인 친구(팔로워)가 없었고, 더구나 유명인(인플루언서)이 아니기에 확장성을 지니기 어려웠다. 애드온 플러그인을 이용해 구청 등의 도움을 받았지만, 한계점이 드러났다. 쌍방향 소통을 해보려고 마지막까지 방법을 찾아봤지만 결국 성과를 내지는 못하고 마무리를 할 수밖에 없었다.

선거운동은 나에게 주어진 일만 하는 것이 아니다. 회계처럼 조금 전문적인 일이 아니라면 내 일 남 일이 따로 없는 것이 선거운동이다. 그러다 보니 타 부서 일도 같이 도와야만 했고 당시 선거에서 유세 기획도 함께했다.

딸 바보 유재성의 행복 스케치

이때 꼭 하고 싶은 것이 있었다. 과거 선거에서 포청천 하면 떠오르는 사람은 조순이었다. 후보를 대표할 수 있는 캐릭터나 특별한 형상을 이용할 수 있다면 유세 중에 시선을 집중시킬 수 있다고 생각해 고민하던 끝에 황호와 백호를 도입하자고 제안했다.

황호, 백호 탈을 만들어 쓰고 다니면 될 것 같았다. 이 기획은 적중했다. 유세 중 호랑이가 옆에 있나 없나에 따라 군중의 집중도가 달랐다. 경쟁 후보도 같은 호랑이 탈을 빌려 썼지만, 준비기간 부족으로 질적인 면에서 떨어질 수밖에 없었다. 이 전략은 유니크한 홍보전략으로 성공했다.

다만, 부작용이 있다면 자승자박이라고 그 탈은 3번 중 1번은 내가 쓰고 다닌 듯하다. 탈 쓰고 율동 한번 하면 토할 듯 숨이 가쁘다. 그 순간은 정말 후회했다. 그래도 그 성과 덕분에 보람찬 과정이었다.

이 책을 빌어 그때 나 때문에 고생한 후배들에게 다시 한번 미안하고 고맙다는 말을 전하고 싶다.

첫 중앙 선거 이야기

2012년에는 총선과 대선이 함께 있었다. 나는 경선에서 정세균 전 총리 캠프 전략기획팀 간사로 참여했다. 그때 했던 주요 업무는 기자 질문지 답변 초안 작성, 정책안 제언 등이었다. 이때 '대한민국 와이파이화', '지방 산부인과 의료 시스템 재정비', '기간제 교사 및 강사 처우 개선' 등의 정책 제언을 만들었다. 경선이 끝난 후 눈물을 흘리던 황재운 보좌관의 모습은 아직도 생생하다.

본선에 들어가 시민 캠프 동행1팀 부팀장으로 자리 잡았고 오경환 전 서울시의원이 팀장을 맡았다. 전국 조직화를 진행하고 있던 시점이었다. 17개 시도 조직과 소통창구 및 민원 창구 역할이 나의 첫 업무였다. 현재 인천 미추홀구을 남영희 지역위원장, 서정택 전 구의원, 김영욱, 노준호, 김구원, 최동식 등 형님 누님들의 도움으로 조직구성을 완료해 냈다.

조직구성을 완료할 무렵 워크숍 준비를 해야 했고 기획을 해보라는 지시가 떨어졌다. 수년간 송년회, 골프대회 등 각종 대회를 준비하며 봐왔기에 크게 문제될 것 없이 행사는 무사히 잘 준비했고, 많은 사람의 도움으로 마무리한 후 선거 준비가 진행되었다.

중앙 기획에 의해 각종 지지 선언이 이어졌고, 유세 기간에 시민 캠프 유세 기획을 세워보라는 제안에 따라 세 가지 기획안을 제출했다. 기존과는 다르게 하고 싶었고, 무엇보다 이슈화가 절실했다. 주변에서는 회의적인 반응도 있었지만 일단 지역으로 전달하였다. 그대로 실행한 지역도 있었고, 거부한 지역도 있었다.

실행한 지역에서 올라온 지역 보고서에는 반응이 좋았다는 의견도 있었는데 나에게는 좋은 영양제가 아니었나 생각한다.

모두가 아는 것처럼 선거에서는 졌다. 나 역시 기대가 컸기에 아쉬움이 컸다. 하지만 어찌할 수 없는 부분이라 생각하며 홀로 감정을 삭이던 기억이 늘 새롭다.

딸 바보 유재성의 행복 스케치

정치 입문 이후 10년

선거 때마다 어떠한 포지션에서든 선거에 참여했다. 가장 최근의 2022년 대통령 선거에서는 더불어민주당 20대 대통령 선거 후보 직속 정무특보단 SNS 팀장으로, 2017년에는 더불어민주당 19대 대통령 선거 중앙선거대책위원회 국가정책자문단 중앙위원으로 활동했다. 이외에 2016년, 2020년 총선과 2014년, 2018년, 2022년 지방선거 도지사 혹은 구청 선거에도 참여했다.

선거에 참여하면서 선거에 대한 감각과 분석력이 조금씩 늘었고 나름대로 두 가지 원칙이 생겼다. 첫 번째로 SNS 기획이다. 선거 때마다 SNS 선거를 요청받았다. 카카오톡 등의 메신저가 아닌 SNS 플랫폼을 이용한 선거를 선거 때마다 다르게 기획했다.

선거 때마다 필수적인 플랫폼은 있지만 변화된 플랫폼과 취해야 할 자세가 달라야 하고 이용하지 말아야 할 때도 있다. 선택과 집중이 필요할 때도 있으며, 당시의 사회 분위기를 잘 파악해야 하기에 선거마다 SNS 기획을 매번 다르게 했다.

두 번째로는 정책(공약)기획이다. 정책(공약)을 후보가 채택하느냐, 안 하느냐는 둘째 문제다. 첫째로 정책(공약)은 필요하고, 그 정책(공약)이 확장성을 지녀야 한다. 그 확장성이 어떤 방향으로 가는가는 전적으로 기획자의 전략에 좌우된다. 정책(공약) 외 발언도 그랬다. 선거에서 기획할 때 이 부분을 항상 고려하여 제시하였고 대부분 만족스러운 답을 얻었다.

딸 바보 유재성의 행복 스케치

중간수저 청년 정치인의 어려움

나는 청년 정치인으로 흔히 개천에서 용 나는 스타일의 흙수저도 아니다. 나름으로 어려운 가정이었으나 부모님께서 어려움을 느끼지 못하게 하려고 노력하셨고, 학비 걱정, 먹을 것 걱정은 없었다.

그렇다고 금수저도 아니다. 재산이 풍족하지는 않았다. 화려한 인맥의 가문도 아니었다. 그냥 평범한 가정에서 자란 평범한 사람으로 중간수저 젊은 청년 정치인이다.

우는 소리 한번 해본다면 아무것도 없는 사람. 재산도, 배경도 없는 젊은 청년이 당장 먹고살아야 하는데 사회운동 그리고 정치를 20대부터 할 수 있을까?

정부는 말한다. 정치권은 말한다. '일하고, 결혼하고, 출산하고, 육아하고, 행복하게 살라고' 그런데 20대 평범한 청년에게 '일하고'까지만 현실로 다가올 뿐 결혼하고부터는 모든 것이 머뭇거려진다.

생각과는 달리 현실의 벽을 넘기가 쉽지 않기 때문이다. 이런 상황에서 청년 정치인의 등장은 너무 어렵다. 아무런 도움 없이 홀로 버티며 자신의 목소리를 내는 것은 너무나 가혹한 조건이다.

뜻이 있다고 해도 정치권에 들어가는 것도 쉽지 않다. 지역사회, 학연 등의 인연이 없으면 들어가기 쉽지 않다. 법조계, 언론계 등의 특수계통 직업군 출신이 아니라면 순수 정치인으로서의 입문은 어떻게 해야 하는 걸까? 하는 생각이 종종 든다.

물론 내가 모르는 것일 수도 있다. 예전에 대선 캠프에 있었을 때 전화 한 통을 받은 적이 있다. 전화를 한 사람은 어느 대학생이었다. 나름의 정책도 제안하고 열심히 일하고 싶은데 어떻게 해야 하냐는 문의 전화였다. 죄송하다는 답 말고는 별다른 답을 줄 것이 없었다. 답을 해줄 수 있는 위치가 아니었다. 당시 그 상황에서 나는 내가 복 받았다는 생각도 했다.

입문도 어렵지만 생계유지는 더 어렵다. 마땅한 벌이가 없는 이상 생계유지는 무척 힘들다. 회사도 다니고 그러다 선거 때가 되면 사직서를 내고 선거가 끝나면 다시 복직하고, 이를 반복하니 나중에 회사에서 선거 때가 되면 미리 사직서는 안 된다며 거부했다. 그 누구도 생계를 책임져 주지 않았다.

선거에 이겼다고 자리를 챙겨주는 것도 아니다. 보상을 바라고 선거에 참여하면 선거에 문제가 생기기 때문이다. 하지만 청년 정치인도 살아가야 하고, 청년 정치인도 가족이 있을 수 있기에 생계유지 면에서 돈도 배경도 없는 순진하기만 한 청년 정치인에게는 너무 힘든 겨울, 언제 끝날지 모르는 겨울이다. 오히려 계약만료 후의 실업급여는 겨울 속 한줄기 따스함이었다.

가장 큰 것은 뜻을 펴는 일이다. 돈도 연줄도 없다고 하여 뜻도 없지는 않다.

- 쉽게 말을 못할 수 있어도

+ 펼치고 싶은 뜻이 있고 마음 속에 분노가 있을 것이며

지키고 싶은 소중한 것이 있을 것이다.

나 역시 마찬가지다.

- 그동안 젊기에 아무것도 없기에, 출마 준비를 못했기에 숨죽여 왔고 아무런 움직임도 가질 수 없었지만

+ 자신보다 약하다고 때리고 피해자는 고통받는데 가해자가 더 빠르게 용서받고 잊혀지는 사회, 그것을 바로잡으려 하지 않는 정부와 정치권

+ 지역이든 중앙이든 책임져야 할 사람과 정부와 정당이 자꾸 남탓, 난 안 했어 탓, 말도 안 되는 과거 탓, 아무것도 하지 않거나, 눈가리고 아웅 행태에 분노하곤 하였다.

그러면서도

사람, 사람, 한 사람 개개인의 따스함을 지켜야 한다. 헌법 10조에서 말하는 행복추구권 보장을 위한 행동과 함께 일상에서의 웃음과 따뜻함도 지켜드리고 싶다. 그래야 우리 다음 세대에 보다 나은 세상을 줄 수 있을 것이라 생각한다.

2부. 정치인, 유재성 이야기

일에 진심인 유재성

진짜 재미없는 사람이다. 내가 생각해도 나는 재미없는 사람이다. 말도 재미있게 하는 사람이 아니고 취미도 영화를 보거나 웹툰을 보는 것 외에 특별한 것이 없다. 왜 그런가 하고 생각해보니 나는 취미를 즐기기에는 게으른 사람이다. 뭔가를 즐기는 것이 조금 불편하다. 그런데 일할 때는 부지런한 사람이라고 자부한다.

처음 접한 온라인 게임 '월드 오브 워크래프트'라는 게임도 서버 최초로 타이틀을 달았을 정도로 열심히 했지만, 가만히 생각해보면 즐긴 것이 아니고 기계처럼 했을 뿐이다. 노래를 취미로 듣기에 따라서 들으려 했지만, 귀에는 아무 것도 들어오지 않았다.

대신 수치화된 것을 분석하고 이것을 토대로 계량화하고

예측하는 것은 아주 재미있다. 그것도 대충하는 것이 아니라 하나를 하더라도 보다 정확하게 하려고 스스로 혹은 주변인을 괴롭힐 정도로 몰입한다. 일에만 진심인 재미없는 사람인 것이다.

하지만 내가 해야 할 일은 공부하다 중간에 대충하는 법이 없다. 습득력이 빠르고 10년이 넘는 기간 동안 정치권에서 있으며 보고 들으며 경험했다. 나는 공약, 법안 등 내가 약속한 일을 추진하는 국회의원 자리를 주위의 여러 도움과 조언 그리고 주민과 함께한다면 충분히 완수할 수 있다고 자신한다.

딸 바보 유재성의 행복 스케치

유재성 그리고 도시

개개인의 행복추구권 보장, 교육·의료 등 최소한의 기회와 인간다움. 안전, 상식 등은 앞으로 먼 미래를 위해 바뀌어야 할 부분이고 매우 중요한 부분이다. 그런데 이런 부분 못지않게 중요한 것이 도시 발전이다.

어느 도시든 도시계획이 있고 도시 브랜딩을 추진한다. 성공적인 브랜딩을 위해서는 도시의 정체성이 명확해야 할 것이고 제대로 된 브랜딩은 도시의 성장과 번영을 이끌 수 있다고 생각한다. 그렇다면 도시의 정체성을 무엇으로 정해야 할 것인가? 질문으로 이어질 수밖에 없고 정치인이라면, 국회의원이라면 지역의 발전을 위해서 고민해야 할 것이다. 나 역시 많이 고민했고, 다양한 답을 준비했다.

현재 국회의원을 준비하는 곳은 지리적으로 무척 좋지만,

특별한 산업 시설은 없고, 아파트만 들어서고 있다. 여차하면 베드타운화가 될 가능성이 농후하다.

특히 교통 문제를 이번에 해결하지 못하고 아파트 개발을 진행하면 교통체증은 불 보듯 뻔한 문제이다. 이 두 가지에 대한 미래 계획을 최우선으로 고민해야 한다.

교통에 대한 아이디어는 후에 책이 아닌 다른 곳에서 밝히도록 하고 도시산업에 대한 부분만 살짝 언급해 보고자 한다. 베드타운화를 막고 인구 유입을 유도하며 더 많은 인프라와 복지 및 문화시설을 위한 기본 도시 형태는 자족도시이다.

자족도시는 "특정 산업이나 기능을 중심으로 만든 자급자족형 복합도시"라고 정의하고 있다. 많은 사람이 원하는 형태일 것이고 이상적인 도시 형태라고 생각한다.

'이곳에 어떠한 산업을 넣을 것인가?' 무척 중요한 문제이다. 그에 따라 산업 선정에 기준을 세웠다.

딸 바보 유재성의 행복 스케치

첫째, 유재성, 나만이 할 수 있어야 하고 잘할 수 있는 일이어야 한다.

둘째, 산업군, 메인 산업체(국가관련 기관 및 기업 포함)의 니즈가 있어야 한다.

셋째, 외국에서의 니즈도 있어야 한다.

넷째, 주요 산업체 외 하청 산업체의 이동이 있어야 한다.

다섯째, 확장성(연계) 산업, 시너지 산업이 있어야 한다.

혼자만의 고민으로는 나오지 않았다. 많은 조언이 있었고 새로운 사실을 알게 되었다. 의외의 사실도 많이 알게 되었다. 하나하나 무언가가 만들어졌다. 퍼즐 조각이 모여 하나의 산업군이 만들어졌고, 두 번째 산업군이 만들어졌다.

두 산업군은 전혀 다르지만, 지역 내에 잘 조성된 시설 및 산업과 연계시키면 시너지가 나올 수 있을 것으로 판단했다. 물론 충분히 국가적 산업하고도 이어졌다.

산업군이 정착된다면 도시 브랜딩이 재미있게 나올 것으로 판단했다. 도시가 풍족해질 것이고 인구가 유입될 것이다. 도시 재정이 넉넉해짐에 따라 문화 및 복지 등의 예산도 여유로워지기에 더 나은 시민의 삶, 언젠가는 최소한의 기회가 주어지는 생활이 되는 도시가 될 것이라는 희망찬 생각을 가져보기도 했다.

　물론 이것은 나 혼자만의 힘으로는 안 될 것이고 험난한 길일 것이다. 많은 사람과 함께 가야 할 것이고 지역 주민의 많은 도움도 필요하다. 어떤 기구와 어떤 행정절차, 법적 요건, 필요하다면 특별법까지도 검토해야 할 것이다. 욕심내지 않고 그렇다고 시간 끌지 않으며 밀고 나가려고 한다.

　할 수 있다.
　일할 기회가 주어진다면 유재성은 할 수 있다.
　유재성은 해낼 것이다.
　꼭 이뤄내야 하는 것이고 도시의 미래,
　다음 세대의 미래를 위해 해내야 한다.

2부. 정치인, 유재성 이야기

따뜻한 청년, 유재성

내가 봐도 나는 정말 정이 많은 사람이다. 당연히 정이 많은 만큼 마음도 약하다. 나는 나를 너무 잘 안다. '마음이 그렇게 약해서 정치판에서 어떻게 하려고'라는 말을 정말 많이 들었다. 그 정도로 정치판이 엉망이고, 국민이 봤을 때 혐오의 정도가 높다. 하지만 나는 정치판에 정이 많은 사람도 필요하다고 본다.

정치와 국민과의 교감에 필요한 여러 요소가 있겠지만 나는 선거에 있어, 정책에 있어, 특히 중요한 것이 '공감대'라고 생각한다. 내가 당한 어떤 일은 그 누구도 알 수 없다. 이해할 수 없다. '그 심정 이해가 되어요'라는 위로의 말은 크게 도움이 되지 않는다. 정책도 마찬가지이다. 그 상황에 닥친 사람 입장에서 정책과 법안이 만들어져야 한다. 하지만 한국의 현실은 어떠한가?

한국의 형법과 민법은 너무 오래전에 만들어졌다고 책의 서두에서 이야기했다. 오래된 법은 그렇다 치더라도 최근에 만들어진 정책과 법은 어떤가? '결혼 패널티'라는 단어가 생겼다. 결혼하면 혼자 살 때 정부로부터 받을 수 있는 혜택을 받을 수 없어서 혼인신고를 하지 않는 것을 말한다. 이를 해결한다고 정부는 해결책을 발표했지만, 실제 효과에 있어서는 부정적인 의견이 많다.

애초에 정책 및 입법을 할 때 다수를 대상으로 조사가 이루어져야 하지만 현재 입법 및 정책 입안은 그렇지 못한 실정이다. 나는 그 원인 중 하나가 공감대 부족이라고 본다. 그들의 입장이 되지 못하니 쉽게 말하고 실효성 없는 정책을 입안하게 되는 것이다.

이번 정부의 실업급여 관련 발언도 공감대를 못 얻기 때문에, 자신의 입장에서 생각하기에 나오는 것이 아닌가 생각한다.

공감대 형성은 다른 사람의 입장을 생각해야 하는 것도 있지만 기본적으로 따뜻한 사람이어야 가능한 것이라 생각한다. 그들의 입장에서 눈물을 흘릴 줄 알고 그들의 소소한 웃음과 행복에 대해서도 함께 기뻐할 줄 알아야 하기 때문이다.

아내가 가끔 그런다, '눈물 많은 곰'이라고. 정이 많은 것이 꼭 나쁜 것은 아니라고 본다. 따뜻한 청년, 따뜻한 사람 유재성. 확실하게 끊어야 할 때 끊으면 더 좋은 활동, 더 나은 세상을 만드는 데 일조할 수 있으리라 생각한다.

딸 바보 유재성의 행복 스케치

청년 정치인 그리고 미래

이 길이 어려운 길이라는 것을 안다. 일을 하자면 진정으로 힘들고 놀자면 진정으로 편하다는 것도 안다. 많이 봐왔다. 의욕도 누구 못지않게 높다. 그만큼 현실에 항복할까봐 두렵지만 다시 일어서고 옆에서 일으켜 세워줄 것이라 믿는다.

매일 깊은 잠을 이루지 못하고 있다. 지역에 대한 미래 구상, 그 구상을 현실화하는 방법, 준비된 것에 대한 발표, 법안 수정 등 선거를 비롯하여 많은 것이 머릿속을 꽉 채우고 있다. 조금씩 조금씩 정리하고 있지만 이 어려운 길, 어깨가 무거운 길을 가볍게 정리할 수가 없다는 것이 솔직한 심정이다.

나의 욕심을 위한 길이기도 하다. 사회를, 미래를 더 나은 세상으로 바꾸고 싶은 꿈 때문에 선택한 길이기도 하다. 그러기에 가까운 지인과 응원해 주시는 분들 그리고 지역 주민분들에게 감사할 따름이다.

특히, 아내에게 미안하고 감사하다. 아직 돌도 안 지난 둘째 아이의 육아를 첫째만큼 신경쓰지 못해 미안하기만 하다. 첫째한테도 미안하다. 아빠 껌딱지인데 못 놀아줘서 안쓰럽다. 둘째는 나한테 오지도 않는다. 언니한테는 잘만 가는데, 서운하기만 하다.

이제 시작이다. 어떠한 결론이든 내가 하는 만큼 선택을 받을 것이다. 현역 의원의 프리미엄을 뚫어야 하고, 정치적 카르텔을 뚫어야 하지만, 주민분들의 삼고초려 같은 요청으로 시작한 길인 만큼 청년 정치인, 따뜻한 사람 유재성도 쉽게 물러서거나 포기하지 않을 것이라 확신한다. 그리고 할 수 있다고 생각한다.

밑바닥에서부터 배우며 버티고 여러 능력을 키워왔다. 어디에서 갑자기 이슈로 인하여, 아무것도 모른 채, 아무런 준비 없이 시작한 것이 아니다. 20대에 알게 되었고 고민했다. 같이 분노했고 같이 눈물 흘렸다. 하지만 할 수 있는 것이 없었다. 누군가를 도와 그가 해주기를 바랐다. 내 바람은 나만의 생각이었다.

이제는 내가 하고자 한다. 그동안 힘들었던 시간, 한순간 포기할까라는 생각도 했지만 버티며 배웠고 인정받을 만한 실력의 영역도 만들어졌다. 내가 무엇을 해야 할지 알 것 같은 정치, 어떤 활동을 해야 할지 알 것 같은 정치이다. 10년이 넘는 시간 동안 버티며 배우고 고민한 것을 하나씩 꺼내고자 한다.

기회가 주어지고, 일할 수 있게 된다면 나는 할 것이다.

나는 일이든 사람이든 외면하지 않을 것이다.
나는 주먹구구식으로 일하지 않고 전체를 고민하고 설계하며 일할 것이다.
나는 내가 아닌 다수의 입장에서 공감대를 형성하고 들을 것이다.
나는 가해자가 아닌 피해자의 권리와 행복을 위한 법안으로 수정 및 입법할 것이다.
나는 책임을 질 줄 알고 사과도 할 줄 아는 활동을 할 것이다.

이번 부산돌려차기 사건 1심에서 피해자가 절규했다고 한다. "왜 판사 마음대로 용서하나!" 딸 둘인 아빠로서 그리고 대한민국 구성원으로서 지금부터 바꿔야 한다. 법과 정치가 보다 나은 사회로, 개개인이 행복을 추구할 수 있는 사회로, 최소한의 기회가 보장되는 사회로 말이다.

따뜻한 사람, 청년 정치인 유재성이 그 길을 가고자 한다.

나쁜 관리들은 투표하지 아니한
좋은 시민들에 의해서 선출되는 것이다.

조지 진 나달

유재성의 백문백답

악이 승리하는 이유는 간단하다.
선한 자들이 아무런 행동도
취하지 않기 때문이다.

애드먼드 버크

01. 이름과 나이 그리고 고향은?

이름은 유재성, 1984년생입니다. 84년 새해 첫 둥이가 될거라고 해서 병원에서 기자들이 대기했다고 하는데 나는 버텼습니다! 바로 그 병원은 서울대병원이었고, 제 가족의 뿌리는 충남 아산시 배방면입니다.

02. 키와 몸무게 그리고 허리 사이즈는?

제 키는 177cm에 이제는 두 자리 몸무게를 가지고 있습니다. 건강과 일을 위해 몸무게는 잘 유지하려고 노력하고 있습니다.

03. 가족 관계는 어떻게 되시는지?

저희 가족은 야수인 저와 아름다운 아내 그리고 저희 사랑의 결실로 7살 딸과 아직 돌이 안된 딸. 이렇게 야수 1명과 미녀 3명이 함께 살고 있습니다.

딸 바보 유재성의 행복 스케치

04. 아내를 처음 만나게 된 장소는?

옛날에는 아주 흔한 만남의 장소였던 용산역 앞에서 만났습니다. 서로 처음 만날 때 통화를 하면서 아내로부터 가장 가까운 곳을 약속 장소로 잡았던 기억이 납니다.

05. 아내와 결혼을 결심하게 된 동기 혹은 이유는?

특별한 동기보다 그냥 만나고 편하고 티격태격하고 다시 만나고 그러다 보니 '정'이 소복하게 쌓이면서 떨어져 있을 수가 없어 평생을 같이하자고 했습니다.

06. 혹시 프러포즈하셨나요? 만약 하셨다면 어떤 프러포즈를 하셨는지 기억하시나요?

분위기 잡고 그런 거는 안 했습니다. 엉뚱한 장소 엉뚱한 시간에 반지를 툭! 무심하게 건넨 것이 제 스타일의 프러포즈였습니다.

07. 결혼기념일은?

절대로 잊을 수 없는 현충일입니다~!

08. 아이들 혹시 태몽은 기억하시나요?

첫째는 물고기였고, 둘째는 수박이었습니다. 그게 태몽인지는 잘 모르겠습니다.

09. 아이들에게 제일 크게 바라는 점은?

많은 부모의 공통 사항일 듯합니다. 아프지 마라! 그리고 환하게 밝게 자라다오!

10. 지금 하시는 일은?

광운대학교 공간컴퓨팅융합센터 책임연구원으로 일했고, 지금은 2024년 광명갑 국회의원 출마를 준비하고 있습니다.

11. 앞으로 하시고 싶은 일은?

추상적이긴 한데 '보다 나은 세상'을 만들고 싶습니다. 다음 세대, 미래 세대를 위해 준비를 해야 하고 이 준비가 지금 세대의 '보다 나은 세상'에 도움이 될 것으로 생각합니다.

12. 가장 감명 깊게 읽었던 책은?

스펜서 존슨의 『선물 The Present』입니다. 『누가 내 치즈를 옮겼을까』라는 책을 접하고 두 번째 이야기라 하여 구매한 책인데 '현재가 선물이다', '과거를 돌아봐야 한다'를 알게 해준 책이었습니다. 과거의 영광은 다 지우고 현재를 소중히 하고 현재를 바라보라는 내용으로 기억합니다. 그것이 현재 저에게 있어 모든 것을 새롭게 바라보고 계획하는 일에 큰 힘이 되고 있습니다.

13. 가장 최근에 본 책은? 그중에서 가장 기억에 남는 내용은?

솔직히 말씀드리면 마음 편히 책 한 권을 완독하지는 못한 것 같습니다. 지난 1년간 정신없이 생활하였다고 하면 핑계이긴 합니다만, 첫 장을 넘겼는데 마지막 장을 마무리한 책이 거의 없다 보니 자신 있게 말할 수가 없습니다.

14. 가장 감명 깊었던 영화 혹은 드라마는?

〈엑스페리먼트〉라는 영화입니다. 리메이크작이 아닌 2002년에 만들어진 영화입니다. 감명이라기보다 충격적이었고 극한의 상황에서의 인간, 현실에서 극한의 상황, 국가와 사회 시스템이 국민을 보호하지 못했을 때 어찌 될 것인가를 고민하게 해준 영화입니다.

현재 기본사회 경기본부 공동대표로 활동 중이지만 이런 극한의 상황, 극한의 양극화를 막기 위해 기본사회는 필요하고, 이재명 더불어민주당 당대표가 지난 대선에서 기본사회를 언급한 이유이기도 합니다.

15. 최근 본 영화나 드라마는?

영화를 보는 것이 유일한 취미생활이라 꽤 많이 보는 편입니다. 하지만 최근 본 영화가 무척 오래되었습니다. 영화관에서 본 마지막 영화가 〈교섭〉이고 조만간 개봉할 〈서울의 봄〉, 〈노량 - 죽음의 바다〉는 꼭 보고 싶습니다.

16. 제일 듣기 좋아하는 노래는?

노래와 음악은 정말 잘 모르는 분야입니다. 그냥 듣기 편안한 재즈나 조용하고 잔잔한 음악을 좋아합니다.

17. 노래방 18번은?

없습니다. 노래방과는 친하지 않기도 하고 노는 것을 잘 못합니다.

18. 가장 좋아하는 음식은?

찌개류, 국물류를 좋아합니다. 공익근무할 때 2년 동안 거의 매일 우렁된장찌개를 먹었습니다. 가격이 저렴하기도 하지만 좋아하는 음식이기도 해서 질리지 않고 먹었던 기억이 새롭습니다.

19, 주량은? 혹시 술버릇은? 가장 즐겨 먹는 안주는?

술버릇은 없고 버티려고 노력하다 잠들어 버립니다. 주량은 약한 편입니다. 소주 반 병 정도도 먹으면 힘듭니다. 즐겨 먹는 안주는 주는 대로입니다.

20. 인생을 살아오며 가장 큰 힘이 되는 좌우명은?

좌우명이라고 하면 거창하고 '내 일, 내 조직에 있어 최선을 다하자'입니다. 내가 속한 곳에서 일을 할 때 스스로 내 조직이라 생각하고 내 일이라 생각하고 업무를 하면 더 나은 방법을 고민하게 되는 버릇이 있습니다. 그래서 지금까지 제가 있던 곳에서 더 발전적인 방법을 생각하고 내 일처럼 여기며 최선을 다했습니다.

21. 가장 친한 친구는 누구이고 이유는?

지금 일을 함께하고 있는 초등학교 동창이 가장 친한 친구입니다. 열 살에 만나서 지금까지 연이 이어지고 제가 큰 도전을 한다고 도와달라고 했더니 아무런 조건, 이유 없이 달려와 준 친구입니다. 미안하고 고마운 친구입니다.

22. 한 달 용돈은 얼마?

살림은 우리 보통 사람들 모두가 그렇듯 늘 부족하기에 항상 아껴 쓰고 있습니다. 정확히 얼마라고 정해서 사용하지는 않고, 그때그때 상황과 일에 따라 다른 것 같습니다.

23. 즐겨 입는 옷은?

패션 테러리스트라 주는 대로 입습니다.

24. 가장 좋아하는 색은? 그리고 그 이유는?

파란색을 좋아합니다. 어린 시절부터 그냥 편했습니다. 그림을 그려도 하늘색 계열을 보면 그냥 편합니다.

25. 가장 좋아하는 숫자는? 그리고 그 이유는?

특별하게 좋아하는 숫자는 없습니다.

26. 가장 좋아하는 스포츠는? 혹시 응원하는 팀이나 선수는?

농구와 축구를 좋아합니다. 잘하지는 못하지만, 보는 것보다 직접 하는 것을 좋아했고, 초등학생 때부터 쉽게 접할 수 있는 것이 농구와 축구였습니다. 그러다 보니 자연스럽게 좋아하게 되었습니다.

27. 좋아하는 연예인은 누구?

좋아하는 연예인을 뽑으라면 너무 어렵습니다. 영화를 좋아하긴 해도 연예인은 잘 모릅니다.

28. 가장 최근 기억나는 꿈은?

요즘 생각할 것이 하도 많아서 꿈도 뒤숭숭합니다. 멍멍이 꿈이 너무 많습니다.

29. 어린 시절 꿈은?

저는 몰랐는데 최근에 저를 도와주러 온 초등학교 친구가 그러더군요. 초등학교 때 제 꿈이 대통령이었다고 합니다. 저는 기억도 나지 않지만요.

30. 스마트폰에 등록된 주소록에는 몇 명이나 있나요?

2,400명이 좀 넘는 것 같습니다.

31. 자신만의 매력 포인트는?

꾸준함이라 생각합니다. 중간중간 틈은 있겠지만 꾸준하게 그곳에 가면 유재성이 무엇을 하고 있을 것이라는 믿음을 주는 것이 저의 매력이 아닌가 합니다.

32. 별명은 무엇이고 왜 그런 별명으로 불리게 되었나?

특별한 별명은 없습니다.

33. 살면서 가장 후회되는 것은?

나를 위해 다른 이에게 아쉬운 소리 못한 것이 지금 생각해 보니 조금 후회스럽습니다. 남들은 해도 된다고, 그 정도는 하는 게 맞다고 하지만 하지 않았습니다. 그냥 혼자 감내했습니다. 그것이 조금 후회가 됩니다.

34. 살면서 가장 마음 아팠던 것은?

첫째 아이가 제가 힘들어 보일 때 신경 쓴다고 자기 힘든 것을 감추려고 애쓰는 모습이 너무 마음이 아팠습니다.

35. 살면서 가장 즐거웠던 때는?

아이들과 아이들 친구 그런 천진난만한 아이들의 웃음을 보고 있을 때가 참으로 즐겁고 행복합니다.

36. 당신만의 스트레스 해소법은?

특별한 것은 없습니다. 영화나 웹툰을 보면서 잠시 현실에서 도피하는 것으로 스트레스를 줄입니다.

37. 1년이면 몇 권의 책을 보는지?

완독하는 책이 거의 없다시피 합니다.

38. 귀하의 MBTI는?

ISFJ-A입니다. 수호자라는 성격유형입니다. 주변 사람을 보호할 준비가 되어 있는 헌신적이고 따뜻한 성격의 유형입니다. 수호자는 진정한 이타주의자로 다른 사람의 친절에 더 큰 친절로 보답합니다. 열정적이고 겸손한 태도로 업무와 사람을 대하고 필요로 하는 사람을 도울 때 에너지를 얻고 보람을 느낍니다. 겸손하고 자만하지 않는 성격으로 다른 사람의 인정을 요구하는 경우는 거의 없습니다. 대체로 제가 아는 저와 비슷합니다.

39. 살면서 가장 고마운 사람은?

부모님과 아내 아닐까요? 저를 위해 희생하고 앞으로도 해줄 고마운 분들입니다. 그리고 2024년 총선을 앞두고 저와 함께 해주는 식구들도 고마운 사람으로 빼놓을 수 없을 듯합니다.

40. 만약 시공간의 차원을 넘어서 만나고 싶은 사람이 있다면?

쉽지만 굉장히 어려운 질문 같습니다. 이런 생각을 해보지는 않았지만 막상 질문을 받으니 역사 속에서 존경해온 모든 위인들은 빠짐없이 모두 만나보고 싶기는 합니다.

41. 가장 좋아했던 교과목은? 그리고 반대로 가장 싫어했던 교과목은?

숫자를 좋아해서 그런지 수학을 가장 좋아했습니다. 반대로 영어는 싫어했습니다. 국어도 어려운데 영어도 하라고 하니 싫었던 걸로 기억하고 있습니다.

42. 인생의 전환점이 되었던 시기는?

2007년 사회를 알고 정치와 선거를 알아가게 되었던 시점입니다.

43. 기억에 남는 부모님과의 추억은?

어느 명절 때. 고속도로가 밀려 국도로 빠져 가다 사고가 나 견인차에 가족 모두가 함께 실려 갔던 기억이 재미있는 추억으로 가장 먼저 떠오릅니다.

44. 지난 생일에 무엇을 하셨는지?

1월 1일이 생일이다 보니 그냥 "새해 복 많이 받으세요" 했습니다. 생일 케이크는 몇 년째 첫째 딸이 가져가고 있습니다.

45. 혹시 반려동물이 있으신지?

현재는 없습니다.

46. 가장 자신 있게 할 수 있는 요리는?

굴소스를 기본으로 만드는 숙주고기볶음이 가장 자신 있는 요리입니다.

47. 자신만의 취미는?

영화 보기, 웹툰 보기

참여하는 사람은 주인이요,
그렇지 않은 사람은 손님이다.

도산 안창호

모든 정치는
다수의 무관심에 기초하고 있다.

제임스 레스턴

48. 다룰 줄 아는 악기는? 아니면 꼭 배우고 싶은 악기? 그리고 그 이유는?

통기타를 배우고 싶지만 힘들 듯하고, 우쿨렐레를 배워보고 싶습니다. 예전에 한 번 해보려고 우쿨렐레를 사서 혼자 열심히 연습하다 지금은 먼지가 쌓여 있습니다. 다시 한번 도전해 보고 싶습니다.

49. 만약 화가 나면 어떻게 반응하는가?

화가 나면 확 오르다가 금방 차분해집니다.

50. 혹시 자신만의 징크스가 있다면?

있다고 하면 피해 갈 텐데 도무지 징크스 비슷한 것도 없습니다.

51. 로또 1등에 당첨되면 가장 먼저 하고 싶은 것은?

모든 서민의 꿈, 바로 대출금 상환입니다.

52. 자녀 교육을 위한 나만의 노하우는?

방목, 지금은 놀 때인 것 같습니다. 그래서 아직 한글도 제대로 모르기는 하지만 아이가 놀 때 놀 수 있도록 조금씩 시도해 볼까 하고 있습니다.

53. 인간관계에서 가장 중요하다고 생각하는 것은?

꾸준함과 신뢰, 내가 한 말에 대한 기억과 실행이라고 생각합니다.

54. 나만의 특이한 습관은?

별도로 생각나는 게 없는 것 같습니다.

55. 나만의 건강 관리법이 있다면?

관리법은 따로 없습니다. 그냥 잘 자고 잘 먹는 것이 최고인 듯한데 그것도 쉽지 않은 것 같습니다.

56. 추천하고 싶은 여행지와 이유는?

국내는 여수를 추천하고 싶습니다. 볼 것과 체험할 게 많아서 아이들과 가기 좋습니다. 먹을 것도 아주 많은 것 같습니다. 해외는 마카오를 추천하고 싶습니다. 호텔이 상대적으로 저렴하고 이곳 역시 중국 문화권으로 먹을 것과 볼 것이 많아서 가족과 함께 여행하기 좋습니다. 기준이 아이들에게 맞춰져 있다는 것은 함정입니다.

57. 산과 바다 어디를 선호하는지?

바다! 산은 올라가고 다시 내려와야 합니다. 그런데 산은 조용하고 마음을 편안하게 해줘서 끌리기도 합니다.

58. 본인의 태몽을 아시는지?

모릅니다.

59. 결혼할 때 가장 큰 고민은?

현재 많은 청년이 결혼할 때 집, 혼수 등 경제적 요건을 많이 생각합니다. 그것이 현실이니까요. 저 역시 무시할 수 없었습니다. 하지만 가장 큰 고민은 어떻게 살 것인가? 이게 가장 큰 고민이 아니었던가 생각합니다.

60. 현재 컴퓨터 바탕화면은 무엇인지?

파란 윈도우 기본화면 주의자입니다.

61. 즐겨하는 컴퓨터 혹은 스마트폰 게임은?

과거에는 WOW라는 월드 오브 워크래프트를 했고 제법 잘하는 편이었습니다. 지금은 핸드폰으로 5분 내로 끝낼 수 있는 디펜스 게임을 종종 하는 편입니다.

62. 병역 의무는 어떻게 수행하셨는지?

공익근무로 성실하게 마쳤습니다.

63. 지금 몸 중에서 딱 한 곳을 고칠 수 있다면 어디를 바꾸고 싶은지?

얼굴이라면 눈 크기를 키웠으면 합니다. 자꾸 첫째 아이가 눈뜨고 말하라고 합니다. 분명 눈 다 떴는데도 말입니다. 몸속 지방도 얼른 없애고 싶습니다.

64, 행복이란 무엇인가?

살아가는 힘, 원천이라고 생각합니다. 불행해지고자 힘들어지고자 하는 이는 없습니다. 더 좋은 생활을 꿈꿉니다. 그것이 물질이 되었든 정신적인 것이 되었든 기준은 다를 것입니다. 더 좋은 생활, 세상을 위한 활동은 결국 모두의 행복을 위한 길이라 생각합니다.

65. 만약 오늘이 지구에서 마지막 날이라면 무엇을 하고 싶은가?

가족이 허락한다면 그냥 같이 웃고 손잡고 있고 싶습니다. 식사도 하고요.

66. 길에서 5만 원을 주웠다면 어떻게 하시겠나?

줍지 않고 지나갈 겁니다.

67. 운명은 정해져 있는 걸까? 아니면 개척하는 걸까?

운명은 어느 정도 정해져 있지만, 노력하면 개척할 수 있다고 생각합니다. 출발선은 사람마다 다릅니다. 그렇기에 운명은 어느 정도 정해져 있습니다. 과거보다 노력하면 자신의 운명을 개척할 수 있는 확률이 낮지만 가능하다고 생각합니다. 그리고 최소한의 기회와 인간다움을 보장하는 기본사회는 운명을 개척하는 사회를 만드는 데 도움을 주리라 생각합니다.

68. 혹시 개인적으로 가장 아끼는 물건이 있다면?

모든 물건을 아끼며 쓰는 편이라 하나를 선택하라 하면 어렵네요. 아끼는 물건이라기보다 간직하고 있는 물건은 있습니다. 아내로부터 받은 편지입니다. 2015년에 써준 편지인데, 저는 개인적으로 무척 소중하게 보관하고 있는데 막상 아내는 기억할지 모르겠습니다.

69. 광명에서 가장 좋아하는 곳은?

아이들이 있는 집이 가장 좋습니다. 다음으로 먹을 게 많은 새마을시장과 광명전통시장을 좋아합니다.

70. 광명에 있는 나만의 추천 맛집은?

광명전통시장에 있는 홍두깨칼국수집의 칼제비 추천합니다. 또 새마을시장에 있는 새마을분식 떡볶이도 아주 맛납니다. 꼭 드셔보세요.

71. 조금 무거운 주제이지만, 광명의 가장 큰 문제점은 무엇이라고 생각하시나요?

지금 광명에는 세 가지 중요한 문제가 있습니다. 첫 번째로 산업 즉, 일자리입니다. 광명은 재개발로 아파트가 속속 들어서고 있습니다. 신도시로도 지정되었습니다. 그러나 기아자동차 외에 특별한 산업군이 없습니다. 베드타운화를 막고 지역경제를 살리기 위해서는 제대로 된 산업군이 필요합니다. 하나로 고정된 산업군이 아닌 확장성을 지닌 다양한 산업을 유치해 다양한 직종의 일자리를 만들어줘야 인구 증가, 일자리 창출, 지역경제 활성화, 자영업자 경제 회복 등 경제 선순환 구조를 만들 수 있습니다.

두 번째는 교육입니다. 늘어나는 인구만큼 교육 문제도 해결해야 합니다. 공교육뿐만이 아닌 맞벌이 가정의 자녀, 한부모 가정의 자녀 등의 방과 후 교육 등의 문제도 고민해야 합니다. 그래야 광명시민이 마음 편하게 일할 수 있는 여건을 제공할 수 있고, 신혼부부에게도 근본적인 해결책은 아니지만 출산에 대한 희망을 줄 수 있습니다.

세 번째는 교통입니다. 모든 아파트가 완공되고 신도시 개발이 끝나면 광명사거리 등 서울로 빠지는 주요 도로 출퇴근 문제가 생길 것으로 예상됩니다. 이 부분은 지금부터 고민하고 대비해야 합니다.

72. 광명에서 필요한 최우선 사업은?

위에서 쓴 것과 같이 산업, 교육, 교통이고 무엇이 우선이다 할 수 없을 듯합니다. 모두가 힘을 모아 동시에 해결해야 하지 않나 생각합니다.

73. 광명은 당신에게 어떤 의미입니까?

미래입니다. 제가 남은 생을 살아갈 곳이고, 아이들이 자랄 곳입니다.

딸 바보 유재성의 행복 스케치

74. 광명에 처음 왔을 때 첫인상이 기억나시나요?

광명에 처음 왔을 때 광명전통시장부터 방문했습니다. 배가 무척 고팠습니다. 아직도 기억합니다. 그때 찐빵을 사 먹었고 정말 맛있었습니다.

76. 광명에서 자주 찾아가는 곳은?

새마을시장입니다. 장을 보고 군것질하러 가기도 하는 장소입니다. 가장 많이 갑니다.

77. 당신이 그리는 광명의 미래는 어떤 모습인가요?

언젠가 자족도시가 된 광명을 생각합니다. 출마 선언에서도 말했던 부분입니다. 일자리 창출, 인구 증가, 지역경제 활성화 등 경제 선순환 구조를 만들고 재정의 확충을 통해 다양한 생애주기별 복지를 제공했으면 합니다. 더 많이 웃는 광명, 따뜻함을 간직한 광명에서 함께 사는 분들과 도시 브랜딩도 하고 광명에 새로운 활력을 불어넣고 싶습니다.

78. 처음 선거권을 행사했던 선거는?

2002년 대선으로 기억합니다. 16대 대통령선거입니다.

79. 기억나는 가장 아픈 결과를 낸 선거는?

이번 20대 대선 아닐까요? 이재명 후보 직속 정무특보단 SNS 팀장으로 중도층을 끌어오기 위한 활동을 했습니다. 결과는 아쉬운 차이로 낙선이었죠. 내가 겪은 선거 중 가장 아픈 선거였습니다.

80. 기억나는 가장 환희에 찬 결과를 가져왔던 선거는?

승리를 한 선거는 다 환희라고 해야겠죠? 쉬웠던 선거는 없으니까요.

81. 혹시 선거 결과를 보며 울었던 적이 있으신가요? 만약 울었다면 그 이유는 무엇인가요?

울었던 적은 없습니다. 지면 진 대로 이기면 이긴 대로 이유가 있기 때문이죠.

82. 지금 국회를 한마디로 정의한다면?

민생을 외치지만 진짜 민생을 챙기는지는 의문입니다. 일하는 사람만 일하는 국회라는 생각입니다.

3부. 유재성의 백문백답

83. 지금 대한민국 정치의 문제는?

대한민국 정치는 진정한 역주행입니다. KBS 언론 쿠데타, 검찰독재, 권력의 사유화 등 이것은 민주화 세대를 거쳐 우리 선배들이 군부독재로부터 목숨을 던져 찾은 민주주의가 무너지고 다시 검찰독재로 회귀한 것이 아닌가 하는 생각이 들 정도입니다. 모든 힘과 노력으로 강력히 저항해야 합니다. 우리 미래 세대를 위해 우리가 투쟁하고, 더 감시하고, 더 견제해야 합니다.

84. 지금 대한민국 정치의 숙제는 무엇이라고 생각하시나요?

새로운 시대로 전환을 앞두고 있다고 생각합니다. 시대는 새로운 전환을 원하고, 새로운 세대를 원하고 있습니다. 하지만 권력에 취해 일하지 않는 몇몇 사람이 이를 거부하고 있죠. 앞으로 미래는 정쟁과 자신의 권력을 챙기는 것이 아닌, 다음 세대를 준비하고 그들을 위한 사회 시스템을 정비하는 것이 중요하다고 생각합니다. 새로운 시대, 새로운 세대로 교체할 때이며, 이제 대한민국은 그 교체 세대가 이끌어 가야 한다고 생각합니다.

85. 정치를 해야겠다고 생각한 동기가 있으신지요?

정치는 미래 세대를 위한 준비라고 생각합니다. 그들이 행복할 수 있도록, 더 나은 세상에서 살 수 있도록 준비해야 하고 더 나은 내일을 열어주어야 한다고 생각합니다. 저는 그동안 뒤에서 다른 사람을 도와주는 역할만 했습니다. 그분들이 해줄 것이라고 생각했습니다. 그런데 정작 제일 낮은 국민의 불만과 외침에는 크게 신경 쓰지 않는다는 것을 알게 되었습니다. 그리고 저의 아이들과 그 아이들의 친구가 살아갈 세상이 기본이 있는, 상식이 있는 세상이 되었으면 했습니다.

헌법 10조 행복추구권을 보장받고 인간답게 더 나은 세상에서 살아갔으면 하는 희망이 마음과 행동으로 저를 이끌었습니다. 그래서 언젠가 직접 정치 전면에서 이를 위해 뛰겠다고 생각하면서 준비하는 자세로 때를 기다리고 있었습니다. 이번에 그 기회가 왔고 도전하게 된 것입니다.

3부. 유재성의 백문백답

딸 바보 유재성의 행복 스케치

86. 국회의원이란 어떤 역할을 해야 한다고 생각하시나요?

첫 번째로 정권 창출에 이바지해야 한다고 생각합니다. 정당은 정책 실현을 해야 합니다. 이를 위해서는 정권 창출을 통해 후보와 당의 정책을 실현해야 합니다. 이런 과정에서 국회의원은 전면에 나서 선거를 진두지휘해야 합니다. 겉으로 하는 지지 선언이 아닌 중도층과 무당층을 끌고 올 수 있도록 활동 전략을 세워 무슨 일이든 해내야 합니다.

두 번째로 국민과 공감해야 합니다. 가장 우선 지역구민과 공감해야 합니다. 자신 혼자만의 뇌피셜이 아닌 지역구민이 무엇이 필요하고 진짜 그들의 미래를 위해 무엇을 준비해야 하는지 평소에 충분히 공감해야 합니다. 다음으로 전 국민의 계층별로 진심 어린 목소리를 들어야 합니다. 왜 '결혼 페널티'라는 말이 생겼는지, 왜 정책 이용을 못 하는지, 진짜 문제가 무엇인지 들어야 하고 알아야 합니다. 이것은 경험하지 않는 이상 모르는 부분이고 공감의 문제입니다. 경험할 수 없다면 진심으로 들어야 합니다.

세 번째로 해법을 만들어야 합니다. 진짜 목소리를 들었으면 근본적인 문제에 대한 해결책을 만들어야 합니다. 60년도 더 된 형법과 민법의 개정이 예가 될 것입니다.

87. 귀하가 생각하는 청년정치란 무엇인가요?

청년정치라고 크게 다르지 않다고 생각합니다. 젊기에 청년이기에 더 패기 있게 할 수 있는 게 아니냐고 할 수 있습니다. 하지만, 꼭 그렇지는 않습니다. 아직 많이 미숙하지만, 말에 대한 책임이 있고 행동에 대한 책임이 있기 때문입니다. 다만 청년정치, 금수저가 아니라면 보다 낮은 곳에서의 목소리를 들을 수 있다고 생각합니다. 저도 이력서 100통 이상 넣어봤고 그냥 불러봤다는 등의 어이없는 면접, 실업급여 5개월 차에 취업이 안 되면 안 되는데 하면서 조마조마도 해 봤습니다. 그렇기에 청년의 고민을 알 수 있습니다. 20대의 고민, 30대의 고민, 40대의 고민, 취업이라는 같은 주제를 놓고서도 다 다릅니다. 청년정치는 이들의 목소리를 더욱 세밀하게 들을 수 있고 공감할 수 있는 것이라 생각합니다.

88. 현재 모범적인 의정활동을 하는 선배 국회의원은 누구라고 생각하시나요?

딱 한 분을 뽑기 어렵기에 넘기겠습니다.

89. 가장 바람직한 국회의원이란?

이것 역시 딱 한 분을 뽑기 어렵기에 넘기겠습니다.

딸 바보 유재성의 행복 스케치

90. 좋은 정치인은 국민에게 어떤 정치인이어야 할까요?

국민의 내일, 다음 세대의 미래를 같이 고민하고 준비하는 정치인. 그 과정에서 국민의 현실적 문제, 공감대를 이해하고 함께하는 정치인. 그런 정치인이 국민에게 좋은 정치인이지 않을까 생각합니다.

91. 혹시 정치적인 좌우명이 있나?

어떠한 일이든 함부로 분노해서는 안 되지만, 외면해서도 안 된다고 생각합니다. 분노를 기반으로 입법 활동을 해서는 안 되지만, 국민의 분노를 외면해서도 안 된다는 의미입니다. 신중하자, 말하고 행동하고 책임을 지자는 것이 제가 정치를 시작하며 스스로 당부하는 마음가짐이며 나름의 좌우명이라고 할 수 있습니다.

92. 국회의원이 갖춰야 할 첫 번째 덕목은?

책임입니다. 국회의원은 신뢰받지 못하는 직업군입니다. 국민의힘에서 '아니면 말고'식으로 정책을 던지고 이슈를 장악하는 홍보전략을 사용합니다. 전략까지는 좋으나 그 정책이 신뢰를 잃으면, 국회의원 본인에 대한 신뢰도 사라지고 이는 국민에게 실망감을 안겨주며, 어떻게 보면 우롱입니다.

딸 바보 유재성의 행복 스케치

윤석열 정권에서 누구나 다 들었던 말을 본인은 하지 않았다고 딱 잡아떼고 있습니다. 이런 행동의 반복은 국민의 정치 불신을 높이는 것이고 국민에게 불행으로 다가갈 것입니다.

93. 한일 관계는 어떻게 하는 것이 바람직하다고 생각하는지?

가장 먼저 사실에 근거해 할 말은 해야 합니다. 위안부, 독도, 방사능 오염수의 바다 투기 등이 심각한 문제 아닙니까? 일본이 저렇게 하는데 대체 윤석열 정권은 뭐 하는 것인지 모르겠습니다. 일본 정부 대변인인지 도통 이해가 가지 않습니다. 정치적으로 사실에 근거해 일본에 따질 것은 따져야 합니다. 과거는 잊는 순간 반복될 수 있습니다.

94. 정치인이 하지 말아야 할 구습은 어떤 것이 있을까?

과거에서부터 소수의 정치인이 자라는 신인을 눌러버리는 일이 있었습니다. 새로운 시대에는 새로운 인물이 필요하고 언젠가는 세대교체가 이뤄져야 합니다. 그 때문에 새 인물을 키우기 위해 자신의 경쟁자가 될 것 같다고 눌러버리는 것은 절대 지양했으면 합니다.

95. 지역구 국회의원을 어떻게 평가해야 하는가?

지역구민들은 자신의 지역구 국회의원이 어떻게 활동하는 지 관심을 가져야 한다고 생각합니다. 흔히 국회의원이 예산을 얼마 가져왔다는 현수막을 걸곤 하는데 이것이 실제로는 아무런 노력을 하지 않고 이루어지는 경우가 허다합니다. 또한 법안 발의를 한 후 어떤 활동을 해서 통과시켰는지 세세하게 그 활동을 알아야 한다고 생각합니다.

법안 발의에서도 어떤 생각을 가지고, 어떤 목적을 가지고, 어떤 미래 구상을 하고, 발의했는지, 도장 10개 이상을 그냥 품앗이 형태로 받은 것인지 등을 세세히 봐야 합니다. 하지만 현실적으로 다 보기 쉽지 않기 때문에 이런 것들에 대한 정보 정리 대책이 필요합니다.

96. 맞벌이가 요즘은 대세인데 맞벌이 부부를 위해 가장 중요한 정책적 지원이 있다면?

맞벌이 가정의 가장 큰 문제는 아이를 어디에 맡길 것인가 입니다. 뺑뺑이 돌릴 것인가? 할머니, 할아버지 기회를 쓸 것인가 등의 문제부터 직면하게 됩니다. 학원 뺑뺑이를 돌리면 사교육비도 무시하지 못합니다. 또 다른 문제는 아이의 식사 문제이고 안전 문제입니다.

따라서 이 문제는 종합적인 대책이 필요합니다. 정부 차원에서 하교 후 지역 거점별 양질의 교육 돌봄 시스템이 도입되어야 합니다. 늦게 퇴근하는 부모를 위해서 늦은 시각까지 운영해야 하고 학원을 다녀와서라도 원한다면 정부 돌봄 시스템을 이용할 수 있게 만들어야 합니다. 어린이집 및 유치원도 마찬가지입니다. 이는 단순하게 맞벌이 부부를 위한 정책적 지원이 아닌 출산율과도 관련 있습니다. 출산한다고 하더라도 양육 과정에서 사교육비 절감과 출산 후 안심하고 아이를 맡길 수 있다는 믿음이 있다면 잠시 휴직할 수 있는 비율을 조금이나마 높일 수 있을 것이기 때문입니다.

97. 가장 이상적인 대한민국은?
기본이 있는 사회, 상식이 있는 사회

딸 바보 유재성의 행복 스케치

98. 요즘 가장 관심을 두고 있는 사회 현상은?

너무 많다 보니 질문이 어렵네요. 그런데 이거 하나는 있습니다. 국민의힘에서 무책임하게 발표하는 정책들, 그리고 공보전략의 일환으로 말하는 정책들. 이에 따라 정치혐오로 이어지는 악순환은 꾸준하게 관찰하고 반드시 기본사회를 위해 없애야 하는 것으로 생각합니다.

99. 최근 가장 많은 생각을 하게 만든 뉴스는?

아무래도 지금 가장 화젯거리인 뉴스는 정권의 무도한 KBS 언론 독재 상황 아닌가 싶습니다. 정말 이 정도로 무도한 정권일 거라고는 생각도 못 했습니다. 모든 언론을 자신들의 입맛에 맞게 통제하겠다는 발상은 민주국가에서는 있을 수 없는 일이라 생각합니다. 계속해서 이 문제는 지켜봐야 할 뉴스라고 생각합니다.

100. 마지막으로 독자들에게 덕담 한마디

현실에 치여 본인의 행복을 추구하기가 어려운 현대사회입니다. 경제가 무너지다 보니 삶이 더 어렵습니다. 기회가 주어진다면 정치가 바로 서도록 최선을 다하겠습니다. 경제, 외교 등도 바로 서도록 제가 할 수 있는 최선을 다하도록 하겠습니다. 한국은 약하지 않습니다. 희망이 있습니다. 지켜봐 주시고 조금만 기다려 주십시오.

춥습니다. 건강 유의하시고 매일매일 행복한 하루 보내시기 바랍니다.

3부. 유재성의 백문백답

투표하지 않는 자는
과거를 기억하지 못하는 자이며,
그들은 과거를 반복하기 마련이다.

조지 산타야나

정치가는 스스로 정치적 포부나
신념에 입각해서
국민의 지지를 획득하고
그 신념의 구현을 위해 투쟁하며
그 결과에 대해서
국민에 책임을 져야 한다.

막스 베버

사랑하는 도은이, 나은이에게

엄마가 세상에서 제일 사랑하는 도은이와 나은이에게 이렇게 긴 편지는 처음 써보는구나.

엄마는 도은이와 나은이가 엄마한테 처음 온 날부터 지금까지의 모습을 다 기억하고 있어. 도은이와 나은이가 엄마 배 속에 있는 걸 처음 알았을 때 정말 큰 기쁨이었어. 처음 태동을 느꼈을 때 그 느낌이 아직도 생생하구나. 우리 딸이 무럭무럭 잘 자라고 있는지 알 수 있어서 행복했었어. 도은이와 나은이가 태어난 후 처음 안았을 때 이렇게 작고 소중한 천사를 직접 만나서 안을 수 있어서도 행복했었어. 배 속에 있을 때는 너희의 모습이 너무나도 궁금했거든. 정밀초음파 사진으로 어렴풋이 보긴 했지만 그래도 세상에서 만나서 보고 싶었어. 울음소리도 목소리도 너무나도 듣고 싶었어.

태어나서 백일이 되기 전까지는 자주 분유를 먹이느라 아빠도 엄마도 잠이 부족한 시기였어. 그래도 도은이와 나은이가 잠자는 모습이나 배냇짓을 보면서 큰 힘을 얻었어. 자매가 서로 많이 닮은 점은 잠버릇이야. 자면서 참 많이 움직여서 엄마아빠는 항상 침대 끝에 매달려서 잤지만 달게 자는 도은이와 나은이 모습이 어찌나 예뻤는지 몰라.

사랑스런 도은이, 나은이와의 추억이 늘어날수록 엄마아빠 기억력이 예전 같지 않더구나. 그래서 아빠가 도은이, 나은이 사진을 매년 포토북으로 만들었어. 엄마는 이사할 때마다 포토북 모아둔 상자부터 잘 챙기고 있어. 소중한 추억이 담긴 책이 너희가 독립할 때가 오면 온전히 너희에게 전달될 수 있도록 말이야. 지금처럼 예쁘게 자라다오. 엄마아빠가 더 많은 포토북을 만들어서 간직하고 예쁜 두 딸에게 전달할 수 있도록….

사랑하는 도은이에게

도은아, 엄마야!

도은아, 엄마의 딸로 태어나줘서 정말 고마워.

엄마로서 처음을 도은이와 함께 해서 행복해. 돌이켜 생각해 보면 도은이는 잘 먹고 잘 자고 자기 일은 스스로 하려는 기특한 딸이었어. 이 초보 엄마가 그래도 도은이를 편하게 돌볼 수 있어서 도은이에게 고마워. 때론 엄마도 엄마가 처음이라 힘들지만 도은이를 위해 최선을 다하고 있어. 그리고 항상 도은이를 사랑해.

어느새 작고 귀여운 도은이 손이 요새는 제법 많이 컸다는 생각이 들어. 내년이면 학교에 가는데 어느새 이렇게 많이 컸나 하고 놀라기도 하지. 도은이가 초등학생이 되고 중학생, 고등학생, 대학생이 되어도 엄마 눈에 도은이는 항상 명랑하고 씩씩한, 사랑스런 딸이야.

동생이 태어나면서 우리 집에 큰 변화가 나타났지? 엄마가 동생 챙기느라 도은이랑 단둘이 데이트할 시간이 많이 줄었네. 그래도 엄마랑 틈틈이 즐겁게 지내면서 많은 추억 만들자.

엄마가 저녁할 동안 도은이가 나은이랑 재밌게 놀아줘서 얼마나 고마운지 몰라. 지금처럼 나은이와 지내줬으면 좋겠어. 도은이와 나은이 웃음소리가 엄마 아빠에게 가장 큰 행복이야. 우리 넷 모두 지금처럼 행복하게 살자!

딸 바보 유재성의 행복 스케치

엄마의 편지

사랑하는 나은이에게

나은아, 엄마야!
나은이가 엄마 딸로 태어나줘서 정말 고마워.

　나은이는 도은 언니가 있어서 행복하지? 도은 언니가 재밌게 놀아주면 꺄르르 웃는 나은이 웃음 소리에 엄마가 큰 힘을 얻고 있어. 나은이가 엄마를 보면 반달 눈웃음을 보여주는데 얼마나 예쁘던지. 엄마가 평생 보고 싶어서 사진 찍어놨어. 나중에 나은이가 커서 사진을 보면 엄마랑 같은 생각이 들거야. 엄마 아빠 그리고 도은 언니의 사랑을 듬뿍 받아서 미소가 더 예쁜가봐. 지금처럼 예쁘고 씩씩하게 자라다오.

　요새 나은이가 새벽 2시 넘어서 자느라 엄마가 무척 힘들어. 엄마 품에 안겨 있으면서 나은이가 그 작고 귀여운 손으로 엄마 팔뚝을 토닥여 주는데 감동이었어.

　엄마로부터 사랑하는 딸들에게

딸 바보 유재성의 행복 스케치

민주주의에 대한 나의 개념은,
그 체제하에서는 가장 약한 자가 가장 강한 자와
똑같은 기회를 가질 수 있는 것이다.

간디

안녕하십니까.

더불어민주당에서 10여 년을 넘게 울고 웃고 뒤에서 궂은일, 티 나지 않는 일 마다하지 않고 묵묵히 해온 유재성입니다.

오늘 이 자리에서 저 유재성, 청년 정치인 유재성은 2024년 광명 갑 지역구 국회의원 출마를 선언합니다.

헌법 10조는 행복추구권입니다. 국민은 개개인의 행복을 추구할 수 있는 권리가 있습니다. 하지만 국민이 개인의 행복을 추구할 기회는 드뭅니다. 점차 갈수록 심해지는 양극화와 불평등, 삶의 불안정화 등으로 개인의 행복 추구를 위한 미래를 바라보기보다 현실을 버티는 것도 힘든 것이 지금의 대한민국입니다.

이제는 변해야 할 때입니다. 개인이 국가를 위해 희생하는 것이 아닌 국가가 나서야 할 때입니다. 개인이 자기 행복을 스스로 추구할 수 있도록 입법화하고 체계화해야 합니다. 음주 범죄, 향정신성 범죄 등 타인이 자기 행복 추구에 있어, 인생에 있어 악영향을 끼치는 범죄, 60년도 더 된 형법과 민법, 현대사회에 맞게 개정해야 합니다. 이제는 하나씩 바꿔야 합니다. 그래야 미래 세대가 더 나은 세상에서 살아갈 수 있습니다. 그 일 저 유재성이 하겠습니다.

윤석열 정권은 절벽으로 질주하는 폭주 기관차처럼 당선 1년 반 만에 한국 경제, 외교 등 나라 지표를 엉망으로 만들어 놨습니다. 검찰독재 국가로 나아가고 있습니다. 막아야 합니다. 적극적으로 지적하고 투쟁해야 합니다. 가만히 뒤에서 따라만 가는 국회의원이 아닌 폭주를 막는 국회의원, 말 한마디라도 하는 국회의원, 행정부를 제대로 감시·견제하는 국회의원이 필요합니다. 유재성이 제대로 하고자 합니다. 거짓과 무책임 남 탓만 하는 정부에 분노하고 질타하고 싸워나가는 국회의원이 되겠습니다.

정권 교체는 반드시 이루어져야 합니다. 윤석열 정권에서 대통령 잘못 선출되면 어떻게 되는지 처절하게 경험하고 있습니다. 정권 교체를 위해 다음 대선에서는 국민과 함께 진정한 참여 선거를 이끌어 정권을 창출하는 데에 역할을 제대로 할 국회의원, 그래서 민주당 후보와 민주당의 정책 실현을 이루는 데에 이바지할 국회의원이 필요합니다.

저 유재성은 젊은 청년 정치인이지만 10년 넘게 여러 선거에서 다방면에 걸친 분야에서 기획, 홍보 등을 한 실전형 준비된 후보입니다. 정권 교체에 앞장서겠습니다. 더 공부하고 더 고민하겠습니다. 저의 모든 것을 쏟아 내겠습니다.

딸 바보 유재성의 행복 스케치

광명시민 여러분!

광명에게 지금은 매우 중요한 시기입니다. 광명은 누가 어떻게 도시 그림을 그리고 발전시키냐에 따라 도시 형태가 결정됩니다. 아무런 계획 없이 그럴듯하게 그리는 것이 아닌 교통과 연계된 무공해 산업, 이와 연계된 확장 산업, 전혀 다를 것 같지만 서로 연결되는 산업간 시너지를 만들어야 합니다. 그래야 광명 일자리 창출, 인구 증가, 지역경제 활성화 등의 선순환 구조를 만들어 낼 수 있습니다.

저 유재성은 확장성 있는 산업과 어우러진 도시를 꿈꾸고 있고 많은 준비를 했습니다. 광명시민과 함께 도시 브랜딩을 하고 싶습니다. 광명에 새로운 활력을 불어넣고 싶습니다. 광명이 자족도시가 되길 꿈꾸고 완성해 내는 것을 숙제로 삼고 뛰겠습니다.

광명시민 여러분!

저는 7살 딸과 돌이 아직 안 된 딸을 가진 두 아이의 아빠입니다. 저는 두 아이, 두 아이의 친구 세대가 더 나은 세상에서 살았으면 합니다.

상식이 있는 사회, 기본이 있는 사회, 따뜻함이 있는 사회에서 미래 세대가 살았으면 합니다.

세대가 변함에 따라 새로운 정치인도 나와야 합니다.

새 꿈, 새 희망, 새 움직임.

함께 해주십시오!

손잡아주십시오!

시민분들의 웃음, 따뜻함!

여러분의 마음에서 느껴진 그 행복을 지켜드리고 싶습니다.

딸 바보 유재성의 행복 스케치

따뜻한 사람 유재성 광명시 갑에서 시작하고자 합니다.

감사합니다.

민주주의 제도에서
유권자 한 사람의 무지가
모든 사람의 불행을 가져온다.

J.F. 케네디

생각만으로는
동의나 반대를 표시할 수 없다.
투표를 해야만 가능하다.

로버트 프로스트

딸 바보 유재성의 행복 스케치

초판 1쇄 발행일 | 2023년 12월 1일

지은이 | 유재성
펴낸곳 | 북마크
펴낸이 | 정기국
기획 | 윤지상
디자인 | 서용석
관리 | 안영미

주소 | 서울시 성동구 마조로 22-2, 한양대동문회관 413호
전화 | (02) 325 3691
팩스 | (02) 6442 3690
등록 | 제 303-2005-34호(2005.8.30)

ISBN | 979-11-985296-2-6 (13340)
값 | 15,000원